Vorwärts, Kinder des Lichts,
es geht zurück ...

AXEL PHILIPPI

Vorwärts, Kinder des Lichts, es geht zurück ...

... denn nur durch Rückbesinnung
kommen wir im Leben vorwärts!

Ein manchmal humorvoller,
aber doch ernsthafter Blick
auf Gott und seine Schöpfung

Mein besonderer Dank gilt Hans Bopp aus Heiligkreuzsteinach,
dem begnadeten Engelmaler, der auch das Titelbild
„Engel der Reinigung/Element Wasser"
intuitiv empfangen und gemalt hat.

Sehr dankbar bin ich auch Anja Welsch aus Merzig,
eine meiner Initiatorinnen, die mir bei der Überarbeitung des Textes
mit Korrektur und Anregung hilfreich zur Seite stand.

Bibliografische Information der Deutschen Nationalbibliothek
Die Deutsche Nationalbibliothek verzeichnet diese Publikation
in der Deutschen Nationalbibliografie; detaillierte bibliografische
Daten sind im Internet über http://dnb.d-nb.de abrufbar.

© 2017 Axel Philippi
Umschlagdesign, Satz, Herstellung und Verlag:
BoD – Books on Demand

ISBN 978-3-7460-0147-0

Und auf diese Themen
könnt Ihr Euch freuen ...

Zu diesem Buch ...

Wie alle meine Bücher bisher ist auch dieses eine Auftragsarbeit! Mitte der 90er Jahre erhielt ich auf medialem Weg erstmals die Aufforderung, Bücher zu schreiben. Ich hatte damals keine Lust dazu, und so erschien mein erstes Buch erst 1999 auf dem Markt. Meine innere Kommunikation mit höheren Welten hat nie aufgehört, und so war es in einer Gewitternacht Anfang August 2017, als ich, durch Blitz und Donner geweckt, in eine Art Trancezustand fiel und mir die ersten Impulse für das hier vorliegende Werk übermittelt wurden.

Meine bisherigen Sachbücher und Romane zeichnen sich durch das Bemühen um Ernsthaftigkeit und den Wunsch nach Glaubwürdigkeit aus. Die Themen schienen zu bedeutungsschwer, als dass man sie mit Leichtigkeit oder gar mit Humor hätte behandeln können. Deshalb war ich etwas überrascht, als man mich nun darauf aufmerksam machte: auch Gott lacht! Dass – wenn doch alles, was ist, aus Gott kommt – er auch die Quelle unseres Humors sei. Verblüfft nahm ich zur Kenntnis, dass es jetzt für mich an der Zeit sei, leichtere Kost anzubieten, ohne dabei die Gefühle ernsthaft Suchender ungewollt zu verletzen. Man verglich mich in der Rückschau mit einem Hobbykoch, der bisher Omas zwar sehr schmackhafte, aber auch sehr kalorienreiche Kost zubereitet habe, und dass deshalb nun leichtere und lockere „Nouvelle Cuisine" auf meiner Speisekarte erscheinen sollte. Ich hatte so meine Zweifel, ob ich das hinkriegen würde. Beurteilen Sie, lieber Leser, also bitte selbst, ob mir das im Folgenden gelungen ist.

Um Missverständnisse vorzubeugen: meine veränderte Sicht und Formulierung grundlegender Wahrheiten soll Ihnen nun, meinem geneigten Leser, weniger Völlegefühle im Bauch, dafür mehr Leichtigkeit und Klarheit im Kopf bescheren. Allerdings nicht auf Kosten der Wahrheit und ohne Schönfärberei ernsthafter Fakten. Aber all das auch im Bewusstsein, dass in der dualen Schöpfung jede Medaille zwei Seiten hat und somit der Tragödie die Komödie gegenübersteht.

Am Anfang war das Wort ...

... dem noch viele folgen werden, in der Schöpfung und in diesem Buch. Und so benutzen wir Worte, um inneres Wissen und unsere persönliche Sicht auf die Dinge wiederzugeben, nach außen, und damit in die sogenannte Realität zu bringen. Tatsächlich beginnt jedwede Schöpfung mit der Idee, die sich in Form der Gedanken formuliert, mit Gefühlen umkleidet und schließlich zur Tat wird. Diesen Prozess nennt man die vier Schritte der Offenbarung.

Und so hatte Papa (meine liebevolle Anrede für IHN und im Bewusstsein, dass Er tatsächlich geschlechtslos und nicht formgebunden ist) am Anfang die glorreiche Idee, sich selbst zu entäußern, in Form des Urknalls, vor Wonne und Freude über sich selbst zu explodieren und in Gestalt seiner Lichtkinder auf den obersten Schöpfungsebenen in Erscheinung zu treten. Sie sollten stellvertretend für ihn Erfahrungen machen. Erfahrungen, die letztlich Ihm zu Gute kommen würden. Und so steht in der Bibel der bekannte Satz: „Es fällt kein Haar von Deinem Kopf und kein Spatz vom Baum, ohne dass Ich es weiß." Daher hat Er einmal Neal Donald Walsch[1], einem seiner Botschafter in der neuen Zeit, gesagt, dass wir gewissermaßen sein (Erfahrungs-)Körper seien, Er sich also durch uns selbst erfährt. Der Körper ist auf allen Ebenen das Instrument, mit dem sich unser göttlicher Geist erfährt, und ist somit das Bindeglied zwischen unserem Wesen und unserer jeweiligen Aufenthaltsebene und besteht immer aus den Bausteinen der betreffenden Ebene.

---

1   Neale Donald Walsch, Gespräche mit Gott, Band I

Gern vergleiche ich die Schöpfung mit einer Entsprechung in unserer Welt: einer Aktiengesellschaft. Beide bestehen aus verschiedenen Ebenen, sind strukturiert durch eine von oben nach unten geordnete Hierarchie. Inhaber der AG ist der Herausgeber der Aktien und somit Besitzer der Gesellschaft, vergleichbar Gott als Urheber der Schöpfung. Der Inhaber beruft einen vierköpfigen Vorstand. In der Schöpfung sind das die vier Ur-Erzengel, die in der biblischen Johannes-Offenbarung das Engel- Quadrat um den Thron bilden. Raphael, Michael, Gabriel und Uriel sind also die Repräsentanten Gottes auf der höchsten Offenbarungsebene, die im Chakra-System dem Scheitel entspricht. Jeder dieser vier leitet und verantwortet einen Unternehmens- sprich Schöpfungsbereich. Raphael steht für die Liebe, die Quelle, der alles entspringt. Michael repräsentiert die Macht und Schöpferkraft Gottes, die alles bewirkt, sozusagen den Motor der Schöpfung. Gabriel steht für Seine Weisheit, die alles lenkt und steuert, und Uriel für die göttliche Gnade, die alles am Leben hält.

Unter diesem Vorstand in der AG finden wir nun die Direktoren, Abteilungs- und Sachbereichsleiter bis hinab zu den Sachbearbeitern. Entsprechend sprechen die christlichen Religionen von Fürsten, Herrschaften, Erzengeln bis zu den Schutzengeln, der untersten Engel-Hierarchie. Dieser Vergleich hilft uns zu verstehen, dass die physische Schöpfung ihren Ursprung im Geistigen hat, die Materie und ihre Physik der Spiegel des Göttlichen ist. Nichts erscheint auf Erden, das nicht sein Vorbild im Geistigen bzw. Seelischen hat. Die Quantenphysik ist dem gerade auf der Spur und entdeckt auf den subatomaren Ebenen Sachverhalte und Gesetze, die altes esoterisches Wissen bestätigen. Und so hat sie u.a. entdeckt, dass wir unbewusste Schöpfer sind und durch unsere Erwartungen und unseren Glauben unser Leben und unsere Umwelt mitgestalten.

Wenn wir uns nun mit dem Gottbild der monotheistischen Religionen auseinandersetzen, so begegnet uns dort ein duales Wesen, das mal gute, mal schlechte Laune hat, belohnt, bestraft und sogar zu Mord- und Totschlag auffordert. Dem, der sich ernsthaft mit diesen Fragen beschäftigt, wird schnell klar, dass das niemals die Wahrheit sein kann. Papa ist eben kein duales Wesen, sondern Ausdruck der Einheit und Ganzheit. Gleichzeitig sprechen diese Religionen von einem liebenden Gott, der seinen Kindern die Wahlfreiheit gewährt hat. Was – so frage ich – wäre das für ein Gott, der einerseits seinen Kindern die Wahl lässt, um sie anschließend dafür zu bestrafen, wenn sie etwas wählen, das ihm nicht gefällt? Bibel, Koran und ihr jüdischer Ursprung sind voll von solchen Widersprüchen. Sie beweisen damit nur, dass sie *nicht* göttlichen Ursprungs, sondern menschliche Schöpfungen sind. Und irren ist bekanntlich menschlich! Darüber könnte man ja noch lächelnd den Kopf schütteln, wenn dieses falsche Verständnis nicht so tragische Konsequenzen für die heute lebende Menschheit hätte. Und so leiden wir unter anderem unter Selbstmordattentätern, die dies ja nur deshalb mehrheitlich tun, weil sie falschen Gottbildern bzw. falschen Auslegungen des Korans folgen und weil man ihnen suggeriert hat, ihr Tun sei gottgefällig.

Folglich ist die heutige Welt voller Ungerechtigkeit. Die einen schwelgen im Luxus, während die anderen nicht genug besitzen, um auch nur ein karges Leben führen zu können. Millionen hungern und leben in Slums unter unwürdigen humanen und sozialen Bedingungen. Die Liste der einseitigen Entwicklungen auf Erden ist lang und führt zu immer mehr Spannungen, die sich in Gewalt und Extremismus entladen. Warum ist das so? Ist Gottes Schöpfung unvollkommen? Hat er vielleicht etwas übersehen oder gar schlicht und ergreifend Fehler gemacht?

Und wieso sind wir zurzeit inkarniert? Was hat das alles mit mir zu tun? Fragen, die sich viele zurzeit stellen und auf die wir im Folgenden Antworten finden werden. Denn Gott hat aus seiner Schöpfung und ihren Regeln nie ein Geheimnis gemacht. Aber nur der, der nicht blind und taub irgendwelchen religiösen und auch esoterischen Autoritäten folgt, sondern auf seine Intuition hört und selbstverantwortlich lebt, wird ohne größere Umwege ans Ziel gelangen. Denn auch das ist ein Versprechen Gottes: Am Ende wird selbst der Irregeleiteste, von Gott Abgewandteste und Liebloseste nach Hause zurückfinden. Papa liebt uns, durchschaut jede Entwicklung, versteht alles, hat Zeit und kann warten!

... und das Wort nahm Gestalt an

Um das scheinbar Widersprüchliche und Unverständliche zu begreifen, müssen wir an den Anfang der Geschichte gehen. Das Geschenk der Wahlfreiheit für alle seine Kinder geht viel weiter, als den meisten bewusst ist. Es beinhaltet eben auch die Entscheidungsfreiheit und damit die Gefahr, einen falschen Kurs einzuschlagen, ohne dass Er deshalb sofort automatisch korrigierend eingreift. Mit der Schöpfung war ja sozusagen auch eine Aufgabenteilung verbunden. Papa hat die Urschöpfung, das dreigestufte Lichtreich erschaffen, sich dann zurückgelehnt und alles weitere uns überlassen. Es heißt: Gott handelt nicht, sondern betrachtet Handlungen und wertet sie aus. Daher sprechen wir bezüglich des Bereichs der drei Kopfchakren vom dreigestuften Himmel und der göttlichen Schöpfung und beim Bereich der vier unteren Chakren von der Sohnes- oder satanischen Schöpfung. Viele Menschen wünschen sich, wenn sie Fehler gemacht haben, er würde eingreifen und alles wieder in Ordnung bringen. Dies entspringt einem kindlich naiven Bewusstsein, das nicht gelernt hat, die Verantwortung für seine Taten zu übernehmen. Deshalb müssen wir bereits zu Beginn verstehen, dass nur wir die Konsequenzen aus unseren Taten tragen, wir immer nur das ernten werden, was wir gesät haben.

Papa ist ein wahrer Gott, keine duale und seinen wechselnden Stimmungen und Launen unterworfene Karikatur eines Gottes. Das bedeutet auch, dass er nicht richtet, weder belohnt noch bestraft und dass alle diesbezüglichen Berichte und Androhungen in der Bibel und im Koran grundfalsch sind. Seine Liebe für die gesamte Schöpfung ist nicht an irgendwelche Bedingungen oder Voraussetzungen gebunden. Und da er als Ausdruck der

Einheit kein gespaltenes Bewusstsein hat und deshalb nicht zwischen Gut und Böse unterscheidet, finden wir in der Bibel den oft unverstandenen Satz: „ICH lasse mein Licht leuchten über den Gerechten wie den Ungerechten, gleichermaßen." Als das absolute Wesen, das er nun mal ist, braucht Er weder unsere Anbetung noch unsere Ehrfurcht. Aber auch Er freut sich über unsere Anerkennung und Liebe zu ihm, denn auch die Freude über seine Kinder ist Ihm zu eigen. Es existiert nichts, das Ihm nicht ursprünglich entstammt. Gott ist alles, was ist! Vom Banalen bis zum Höchsten.

Da die Religionen ein so falsches Bild von Ihm gezeichnet haben und Ihn als duales Wesen missverstanden und fehlinterpretiert haben, kam die Angst, das größte Übel unserer Zeit, in die Welt. Die Angst vor Gott nimmt im Verhältnis zu Ihm bei den meisten Gläubigen einen viel größeren Raum ein als ihre Liebe zu Ihm. Menschen sehen in der Dualität oft nur zwei Möglichkeiten, auf Angst zu reagieren. Entweder sie verstecken sich und ziehen sich in die Depression zurück, oder sie kompensieren ihre Angst durch Flucht in die Aggression und greifen an. Schaut Euch die heutige Welt an und ihr werdet das bestätigt finden!

Und was hat das nun alles mit uns zu tun? Um das Folgende besser zu verstehen, wollen wir einmal die Tatsache vergessen, dass es überall im Kosmos Leben gibt. Dass im Weltraum insektoide, reptiloide und auf uns vollkommen fremden Entwicklungswegen entstandene Wesen existieren und die humanoide Form nur eine von vielen ist. Auch wollen wir einmal vergessen, dass diese Erde kosmisch gesehen nur ein Sandkorn in einer riesigen Wüste ist und trotzdem eine für die Gesamtschöpfung große Rolle spielt. Was ist so besonders an dieser wunderbaren blauen Kugel im dunklen All? Welche Rolle spielen Mutter Erde und wir, ihre

Kinder, in diesem Schöpfungsdrama das so oft komödienhafte Formen annimmt? Manche von uns glauben sogar, dass wir in einem reinen Irrenhaus ohne jeglichen Sinn leben. Sie irren sich. Und das deshalb, weil sie vergessen haben, wer sie sind.

Also, wer sind wir? Papas Antwort darauf: „Ihr seid die Erben des Himmels!" Wie das? Nun, weil wir etwas als unseren wertvollsten Besitz in uns tragen, das uns dazu macht. Der Mensch spiegelt das Göttliche als seinen Ursprung; wir bestehen wie der dreieinige Gott aus drei Aspekten: dem göttlichen Geistfunken, der Seele und dem Körper. Dieser Funke in unserem Herzen ist unser Erbe und die Garantie unserer Rückkehr nach Hause ins Licht. Verantwortlich dafür ist das holistische Schöpfungsprinzip. Es besagt, dass die Information des Ganzen in jedem seiner denkbar kleinsten Teile ist. Wenn wir also ein noch so winziges Stückchen vom lieben Gott in uns tragen, garantiert das, dass wir alle uns zur rechten Zeit unserer eigenen Göttlichkeit vollkommen bewusst werden können und man uns dann einen Christus, Buddha oder Erwachten nennt. Jeder von uns hat also „den Marschall-Stab im Gepäck". Das ist sehr beruhigend und sollte uns mehr Gelassenheit beim Auf und Ab des Lebens schenken. Es gibt keine Verlierer in diesem Spiel des Lebens, wenn es auch von außen betrachtet manchmal so scheint. Wie kommt das? Warum gibt es immensen Reichtum und krasse Armut gleichzeitig auf dieser Welt? Nun, weil unser Ich der Dualität unterliegt und im Hintergrund entsprechende Gesetze existieren, die scheinbar unser Schicksal formen. Wie und was formt unser Ich? Welche Rolle spielt es im Konzert unserer Seele? Wie entsteht es?

Gehen wir zurück in unsere Heimat, ins Licht. Dort machen wir vor jeder Inkarnation einen Plan, in dem wir all das formulieren und festschreiben, was später unser Schicksal genannt wird. Das Wort „Schicksal" besteht aus den zwei Bestandteilen „Schicken" und dem lateinischen „salus", was so viel bedeutet wie heil, unverletzt, wohlbehalten, gerettet. Geschickt zur Heilwerdung! Also kein dummer Zufall, wenn uns ein Ziegel auf den Kopf fällt oder wir eine Million im Toto gewinnen. Es hat immer etwas mit unserem Ich und seinem Plan zu tun.

Basis des Lebensplans, dem Drehbuch für den kommenden Lebensfilm, sind Prinzipien, die wir freiwillig wählen, um unser Schicksal zu erfüllen und unser Karma zu erlösen. Dort, wo wir diesen Plan erstellen, sind wir in der Einheit und Ganzheit. Entsprechend bestimmen wir die Themen für unseren Plan. So wählen wir beispielsweise Prinzipien wie „Durchsetzung" und „Besitz". Dann machen wir zu Hause ein Casting, wählen andere Seelen als Träger wichtiger Rollen in unserem Leben und machen uns auf den Weg. Hier unten angekommen müssen wir nun erfahren und akzeptieren, dass wir in einer dualen Welt leben und alles, was wir in der Einheit und Ganzheit gewählt haben, hier dual und damit in zwei gegensätzliche Pole gespalten ist. Das Thema „Durchsetzung" zeigt sich nun in seiner Polarität von Macht und Ohnmacht, das Thema „Besitz" in Fülle und Mangel. Dummerweise müssen wir uns nun für einen Pol entscheiden, da wir nicht beide gleichzeitig leben können. Also sind wir entweder Donald Trump oder der schwarze Tagelöhner, der ausgebeutet wird, sind der türkische Präsident Erdogan oder einer der vielen von ihm Verfolgten. Ich habe bewusst diese bekannten Persönlichkeiten beispielhaft gewählt, um zu verdeutlichen, hier geht es um reale und aktuelle Spielformen des Lebens.

Das Ich, das in jedem Leben neu gebildet wird und unsere Lebensrolle darstellt, muss sich also immer zwischen zwei

Möglichkeiten entscheiden. Nehmen wir an, unsere Seele hat sich zwölf Prinzipien in ihren Plan geschrieben, so sind die alle hier unten in zwölf gewählte und zwölf nicht gewählte Pole gespalten. Die zwölf Pole, die es wählt und über die es sich künftig identifiziert, repräsentieren seinen Hintergrund, bilden das Ich dieses Lebens. Die zwölf nicht gewählten Pole stehen nun für das, was die Psychologie unseren Schatten nennt, das ins Unterbewusstsein Verdrängte. Jeder von uns ist also auf der seelischen und auf der nachfolgenden körperlichen Ebene gespalten. Und so haben wir zwei Hirnhemisphären, zwei Herzkammern, zwei Nieren, zwei Beine usw. Im Ergebnis besagt das, dass dieser Weg aus der Einheit des Lichts in die duale Schöpfung und die dadurch erfolgende Spaltung sich nun auch als unsere Seelenproblematik zeigt. Wir wählen polar, geben häufig einem Pol den Vorzug (wer hat schon Lust auf den Mangel, wenn er die Fülle haben kann), sind deshalb einseitig, hüpfen immer nur auf einem Bein, sind nicht im Gleichgewicht und daher seelisch selten stabil. Die Folge sind eine Vielzahl seelischer wie körperlicher Erkrankungen.

Tatsächlich sind wir nun angetreten, diese Spaltung zu überwinden und zurückzukehren ins Licht. Das ist aber leichter gesagt als getan. Der Weg aus den Himmeln auf Erden bedeutete für uns, dass aus eins zwei werden, aus Einheit Dualität. Diesen Weg nennt man die Involution, den Eintritt des Geistes in den Stoff. Die Rückkehr – die Evolution – kann also nur erfolgen, wenn aus zwei wieder eins werden, wenn die Pole in uns wieder zur Einheit verschmelzen. In der Mystik benennen wir diesen Prozess „die mystische Hochzeit". Und in der Tat ist das Partnerschaftsprinzip eine der Hilfen auf dem Weg, die uns helfen sollen, die Spaltung zu überwinden. Dazu später mehr.

Fatalerweise neigen wir dazu, manche Pole immer wieder zu wählen und dadurch einseitig zu werden. So leben wir eben viel lieber die Macht als die Ohnmacht, die Fülle statt den Mangel, die Kraft statt die Schwäche. Und so planen wir – wir haben ja schließlich die freie Wahl – lieber Krösus statt Bettler, lieber Herrscher statt Untertan zu sein. Immer wieder. Bis uns das übergeordnete Gesetz dazu zwingt, den Gegenpol zu leben, um wieder ins Gleichgewicht zu kommen. Haben wir nun mehrfach und über mehrere Leben in der Macht geschwelgt, ist das Folgeleben, das uns die Ohnmacht beschert, entsprechend schwer und leidvoll. Folglich beschweren wir uns bitter über unser schreckliches Schicksal und dieses fürchterliche Leben. Dummerweise haben wir in der Regel keine Erinnerung daran, dass wir all das, was wir jetzt so schmerzlich vermissen, oft schon im Überfluss gelebt und erfahren haben.

Die Mehrzahl meiner Patienten leidet deshalb unter dieser Einseitigkeit ihrer Seele auf Grund der entsprechend einseitigen Wahl vergangener Leben. Als Reinkarnationstherapeut und Geistheiler erlebe ich daher bei etwa 80 Prozent meiner Schüler und Patienten, dass sie energetisch unausgeglichen sind. In ihrem entsprechenden Energiekörper und seiner YIN/YANG-Polarität herrscht ein Ungleichgewicht, ein Pol dominiert den anderen seelisch und energetisch. Das kann dann dramatische Konsequenzen im Erleben ihres aktuellen Lebens nach sich ziehen. Diese Problematik zeigt sich beim Prinzip „Durchsetzung" und seiner Polarität von Macht und Ohnmacht zum Beispiel bei allen Missbrauchsopfern. Und so erlebt und erinnert sich der Betreffende als Rückführungspatient, dass der Täter von Heute im Gestern sein Opfer war, dass sein vernachlässigtes Kind von Gestern im Heute sein kranker Partner ist, um den er sich nun aufopfernd kümmern muss. Unser Schicksal beziehungsweise

Karma fordert also immer den Ausgleich aller unausgeglichenen Konten in unserer Seele als Voraussetzung für unsere Rückkehr ins Licht!

Die Mehrzahl der Menschen ist also seelisch und energetisch betrachtet im Ungleichgewicht. YANG dominiert YIN, oder umgekehrt. Ursache dafür ist die Einseitigkeit in unserer Wahl dessen, mit dem wir uns im Folgeleben beschäftigen bzw. konfrontieren wollten. Insbesondere ein Prinzip spielt dabei eine herausragende Rolle, da es als einziges vor jedem Leben zwingend gewählt werden muss: das Geschlechtsprinzip. Im Ätherkörper steht YANG symbolisch für das Sonnenprinzip, d.h. für Ausdehnung, Wärme, Zerstörung und das Männliche. YIN repräsentiert das Mondprinzip und steht damit für Kälte, Verdichtung und das Weibliche. Wenn ich also in einer Inkarnationskette z.B. männlichen Leben den Vorzug vor weiblichen gegeben habe, dominiert in mir Animus Anima – wie die Psychologie die beiden Geschlechtspole in uns nennt – und in Folge habe ich in der rechten Körperseite viel YANG und in der linken wenig bis gar kein YIN, was man durch Auspendeln feststellen kann. Die seelische Einseitigkeit zeigt sich nun in unserem Verhalten und in unserem Körper. Die meisten Frauen leben heute das YANG-, die Männer das YIN-Prinzip. Warum das so ist, klären wir später. Diese ungleiche Energieverteilung auf Grund der seelischen Einseitigkeit zeigt sich u.a. dadurch, dass die meisten Menschen ihre Krankheiten in einer Körperseite haben und häufig eine Beckenschiefstellung vorliegt, so dass ein Bein länger als das andere zu sein scheint. Das Becken ist wie eine Waage und spiegelt unser psychisches Gleichgewicht.

Wie überwinde ich nun diese für mich nachteilige Spaltung und das Ungleichgewicht in meinem Ich? Wie komme ich zurück in die Einheit? Salopp ausgedrückt, indem aus zwei wieder eins werden. Und so empfiehlt uns der Psychologe, unseren Schatten – die nicht gewählten Pole der von uns geplanten Prinzipien – zu integrieren. Jesus sagte deshalb in seiner Bergpredigt: „Ihr müsst Eure Feinde lieben lernen", denn „der Feind" steht für die von mir nicht geliebten und nicht gewählten eigenen Wesensteile, die sich nur im Außen spiegeln. Das ist leicht gesagt, aber schwer getan. Wann haben Sie, lieber Leser, das letzte Mal versucht, den verhassten Nachbarn, den intriganten Kollegen, den brutalen Vater zu lieben!? Als Hilfe auf dem Weg, das scheinbar Unmögliche über viele Leben doch noch zu bewältigen, hat uns Papa eine Hilfe gegeben: das Partnerprinzip. Um meinen eigenen Schatten erkennen zu können, brauche ich einen Spiegel, einen Menschen, der in Teilen das lebt, was ich nicht gewählt habe. Und so ist mein Partner chronisch unpünktlich, während man nach mir die Uhr stellen kann. Wenn ich unordentlich bin und alles liegen lasse, nervt das meinen Partner und er räumt immer hinter mir auf. Bin ich introvertiert und bleibe lieber zu Hause, so ist meine Partnerin extrovertiert, geht gern auf Partys, liebt das gesellige Leben. Der Partner zwingt mich also zur Auseinandersetzung mit dem Gegenpol, meinem eigenen Schatten und schenkt mir damit die Möglichkeit, das in mir Ungeliebte akzeptieren, tolerieren und letztlich integrieren zu können.

Als ich Anfang der 80er mit meiner Arbeit als Geistheiler begann, lernte ich und beobachtete ich, dass meine männlichen Patienten in der Regel yang-lastig und die weiblichen yin-lastig waren. Das schien mir auch logisch und leuchtete mir ein. Deshalb war ich wie vor den Kopf gestoßen, als Ende der 80er plötzlich ein Wandel aufgetreten war. Verblüfft musste ich feststellen, dass mit einem Mal alles auf den Kopf gestellt zu sein schien.

Männer waren von nun an mehrheitlich yin- und Frauen yanglastig. Wie konnte das sein? Ich dachte, ich hätte das Pendeln verlernt. Und so fragte ich meine jenseitigen Partner, wie das zu verstehen sei. Man erklärte mir, dass im Rahmen des Verwandlungsprozesses den Mutter Erde zurzeit durchlaufe, auch ihr elektromagnetischer Ausdruck sich bald umkehre. Und die Menschen – mit ihrem Körper als Teil von Mutter Erde – diese Umkehr nur vorwegnehmen würden. Man machte mich darauf aufmerksam, dass in der Wissenschaft dieser Prozess seit langem beobachtet würde und eine Polumkehr, wie sie schon mehrfach auf Erden stattgefunden habe, sich nun wieder bald ereignen würde. Tatsächlich erfuhr ich später aus den Medien, dass das Magnetfeld der Erde immer mehr schwächele, man einen baldigen Polsprung befürchte, und man sprach sogar von dem zeitweiligen Phänomen der Quadripolarität, dass statt zwei vier Pole entstehen könnten.

Dieser damalige Polumschwung im menschlichen Körper hatte natürlich in Folge auch seelische Konsequenzen für uns. Beobachten Sie mal genau die Paare Ihres Bekanntenkreises. Meistens regiert der Mann in der Frau und die Frau im Mann. Change the position. Seitdem versuchen Frauen immer engagierter, männliche Positionen zu erobern, um endlich die gesellschaftliche Gleichberechtigung zu erlangen, und nehmen Männer für die Kindererziehung immer häufiger Auszeit im Beruf. Beide Geschlechter erleben seitdem in sich auch gegengeschlechtliche Konflikte und spiegeln sie durch entsprechende Erkrankungen. Heute bekommen immer mehr Frauen einen Herzinfarkt – früher eine mehrheitlich männliche Domäne – und immer häufiger tritt bei Männern Brustkrebs auf.

Satan, unser bester Freund?

Eine provokative Frage. Aber wenn wir das satanische Prinzip analysieren, stoßen wir auf das Gesetz des Widerstands. Nennen die westlichen Religionen Satan nicht den Widersacher und meinen damit den Gegenspieler Gottes? Ist nicht das Böse der Gegenpol des Guten, dem es sich widersetzt? Und ist nicht das Gute oft der Pol, den wir lieben und gewählt haben, und das Böse das, was wir ablehnen? So betrachtet ist das satanische Prinzip unverzichtbarer Ausdruck der Dualität. Und sollen wir uns nicht darum bemühen, unseren Feind zu lieben, unseren Schatten zu integrieren, die Dualität überwinden zu lernen, und wie viel Widerstand ist diesbezüglich in uns? Somit ist die Überwindung des Widerstands das, was uns wieder in die Einheit und damit zu Gott bringt. Wir wachsen also am Widerstand. Ohne ihn kein Wachstum. Deshalb gehen wir zum Bodybuilding und nutzen den Widerstand der Gewichte, um Muskelwachstum zu schaffen. Nur der Widerstand im Leben in Gestalt unliebsamer Ereignisse lässt uns seelisch über uns hinauswachsen. Nelson Mandela ging als Terrorist ins Gefängnis und kam als geläuterte Lichtgestalt wieder heraus. Der Widerstand der Gitterstäbe hatte dazu geführt, dass er sich verwandelte und zum leuchtenden Vorbild für sein Volk wurde. Sagt nicht der Teufel in Goethes Faust: „Ich bin ein Teil von jener Kraft, die stets das Böse will und doch das Gute schafft!" Es lohnt sich also, dieses Schöpfungsprinzip genauer zu betrachten.

Satan als Widersacher Gottes zu betrachten, ist natürlich grundfalsch und konnte nur von Religionen so gesehen werden, die Gott als duales Wesen missverstehen und IHM – wie im Alten Testament und im Koran vielfach nachzulesen ist –

duales Verhalten andichten und deshalb glauben, dass er mal belohnt und mal bestraft, mal verurteilt und mal gnädig ist. Und obwohl mit Jesus und seiner Botschaft der Barmherzigkeit das weitgehend richtiggestellt wurde, geisterte diese alte falsche Vorstellung von Gott noch immer in den meisten Seelen herum. Deshalb muss immer wieder wiederholt werden: Gott ist Ausdruck der Einheit und ist als ihre Quelle nicht Teil der Schöpfung und repräsentiert deshalb numerologisch die Eins! Das Satanische dagegen ist dualer Teil der Schöpfung, wie im letzten Absatz ausgeführt wurde. Wenn wir also von Widersachern reden, dann von den zwei: Christus und Satan, Papa ist außen vor.

Religiös betrachtet steht Christus für die Gott zugewandte Seite und Satan symbolisch für die von Gott abgewandte Seite der Schöpfung. Tatsächlich gibt es keinen personalisierten Satan. Den haben die Menschen in ihrer Vorstellung so erfunden, um „dem Bösen" in uns ein Gesicht zu geben. Es gibt nur Seelen, die sich in ihrer Entwicklung abwechselnd mal für die eine Partei und mal für die andere entscheiden. Und so erleben sich meine Patienten in der Rückführung mal als gut und mal als böse. Ihre Seele wollte einfach wissen, wie es ist, da es zu Hause in der Einheit keine dualen Erfahrungen gibt. Und deshalb lässt Er ja – wie in der Bibel nachzulesen ist – sein Licht leuchten über den Gerechten wie den Ungerechten, gleichermaßen. Man möge mir verzeihen, dass ich manche zentrale Sachverhalte und Aussagen in diesem Buch mehrfach wiederhole. Die Wiederholung vertieft und somit bleibt das Gesagte besser und länger im Gedächtnis.

Die Seele, unerkannt und unverstanden

Viele reden von „Seele", aber die meisten Menschen haben von ihr entweder gar keine oder aber sehr unterschiedliche Vorstellungen. Es herrscht ein großes Interpretations-Chaos. Um die Trinität des Menschen, bestehend aus Geist, Seele und Körper besser zu verstehen, benutze ich gern das Gleichnis einer Urform des Lebens: das Ei. Das Eigelb entspricht in diesem Vergleich unserem göttlichen Geist. Nur hier entsteht das ursprüngliche Leben. Der Geist umkleidet sich mit der Seele wie der Dotter mit dem Eiweiß, dem Bindeglied zwischen Geist und Körper, der beim Ei durch die Schale repräsentiert wird.

Welche Aufgabe erfüllt die Seele im Konzert unserer drei Aspekte? Um das besser verstehen zu können, müssen wir einen anderen Blickwinkel auf dieses Thema einnehmen. Alte esoterische Traditionen wie die Freimaurer benennen Gott als den Baumeister aller Welten. Sehen wir also unseren göttlichen Geistfunken mal als einen solchen. Modern ausgedrückt sprechen wir dabei von einem Architekten. Der Impuls zum Hausbau kommt beim Architekten aus seinem innersten Wesen, dem göttlichen Geist, und offenbart sich als Idee: „Ich will ein neues Leben". Sitz des Geistes während einer Verkörperung ist das Herzzentrum. Deshalb wird die von ihm repräsentierte Existenzebene auch als Kausal- oder Ideenebene definiert. Allerdings bleibt es nicht bei der Idee im Bewusstsein des Architekten. Die Idee entfaltet sich über weiterführende rationale Gedanken, repräsentiert durch die Mentalebene und ihr Solarplexus-Chakra. Und schließlich komplettiert sich dieses innere Bild des neuen Lebensgebäudes durch die Farben der Gefühle, für die das Sacral- beziehungsweise Sexual-Chakra steht, das uns mit der Astral-Ebene verbindet. Das Zusammenspiel von Idee, Gedanke und Gefühl definieren wir also als unsere Seele.

Bei dem Gleichnis vom Architekten bleibend, überträgt er nun vor dem Hausbau dieses Seelenbild – seine umfassende innere Vorstellung von dem neuen Lebensgebäude – auf einen Architektenplan. Diesem Plan entspricht unser sogenannter Ätherkörper, der zur Siebenheit der physischen Ebene gezählt wird. Die Zahl „Sieben" steht in der Numerologie für die Ganzheit. Und so besteht auch die physische Ebene aus sieben „Reichen": dem Mineral-, Pflanzen-, Tier- und Menschenreich, komplettiert durch drei Ätherfrequenzen. Der Begriff „Äther" kommt sowohl in der alten spirituellen Tradition wie in der modernen Wissenschaft vor. Ende des 19. Jahrhunderts vermutete die Wissenschaft noch, dass das scheinbar leere All doch mit einem Trägermedium gefüllt sein müsse, der den Lichtstrahlen erlaube, sich von der Sonne bis zur Erde in Wellenform auszubreiten und nannte ihn „Äther" (damit ist nicht das Gas gleichen Namens gemeint, mittels dessen uns der Zahnarzt früher schmerzfrei machte). Grund für diese Annahme war, dass man festgestellt hatte, dass Wellen zu ihrer Ausbreitung immer ein Medium brauchen. Heute wissen wir, dass dieses angebliche Vakuum im All gar nicht so leer ist. Die Alchemisten des Mittelalters dagegen verstanden unter „Äther" einen subtilen Stoff, aus dem sich die Elemente Luft, Feuer, Wasser und Erde bilden sollten, und ordneten den Äther den drei Kopfchakren zu. Die folgenden vier Chakren standen für die genannten Elemente. Der „Dreiheit" des Ursprungs (Trinitätsprinzip, der dreieinige Gott) steht die „Vierheit" (die vier Schritte der Offenbarung bzw. Schöpfung) gegenüber.

Seit Platon und bis zum Beginn der modernen Wissenschaft war man noch der Überzeugung, das Atom sei das kleinste und unteilbare Teil der Materie. Dann entdeckte man, dass es wiederum aus drei (!) Teilchen, sogenannten Elementarteilchen besteht, den Protonen, Neutronen und Elektronen. Und auch hier begegnen wir wieder dem Trinitätsprinzip. Die Esoterik spricht davon, dass auch unser Ätherkörper, der Bauplan, aus drei Bestandteilen unterschiedlicher Dichte besteht. Im dichtesten Aspekt befindet sich ein Energieverteilungssystem, das wir seit alters her als das „Akupunktursystem" kennen und zur Behandlung nutzen. Im mittleren Aspekt sorgt eine Gitternetzstruktur für die Energieverteilung im Körpersystem. Eine Energiestruktur, die sich in jedem Körper vorfindet, also beispielsweise auch im Erdkörper. Um dieses Gitternetz von Mutter Erde kümmert sich die sogenannte Radiästhesie in Gestalt der Wünschelrutengänger und Pendler. Im obersten Aspekt des Ätherkörpers findet sich die Quelle unserer Lebensenergie, die sogenannte „Kundalini", was aus dem Sanskrit übersetzt „Schlangenfeuer" bedeutet. Jeder Mensch hat auf der subatomaren Ebene, im Ätherkörper zwischen Anus und Geschlecht eine Kapsel, der fortwährend drei (!) Energiefrequenzen entströmen. Die neutrale Energie, die die Ganzheit bzw. Einheit repräsentiert, strömt im Wirbelsäulenkanal bis zum Scheitel. Umschlungen wird diese Mittelachse von den dualen Energien, dem links-drehenden YIN und dem rechts-drehenden YANG. Symbolisiert wird dieses Energiesystem in der alten europäischen Mystik durch den Caduceus, den Heroldstab des Gottes Merkur. Der Fluss dieser drei Energieformen vom Becken aus nach oben erzeugt sieben sich wechselseitig drehende Wirbel, die sieben Hauptchakren entlang der Wirbelsäule. Diese spiegeln durch ihren Zustand die aktuelle seelische Problematik und steuern bei jedem Menschen den gleichen Organbereich. Zuerst zeigt sich unser seelischer Konflikt beispielsweise durch Falschdrehung oder Blockade des Hauptchakras, das die betreffende Seelenthematik spiegelt. Ändert sich nichts an unserer Seelenlage schlägt das Signal durch auf die Körperebene und zeigt sich als Erkrankung an dem Organ, das von diesem Chakra gesteuert wird. Die psychologische Anatomie erklärt und deutet alle Organe und die sich dort zeigenden Krankheiten im Hinblick auf ihre Spiegelung bestimmter seelischer Konflikte. Und dabei gilt: je schwerer das Krankheitsbild, umso schwerer ist der zu Grunde liegende seelische Konflikt.

Der Geist benutzt daher die Seele und diese wiederum den Ätherkörper, um seine Absicht, seinen Plan in die physische Realität zu übertragen und somit in den vierten Aspekt, die Tat, umzusetzen. Das physische Gehirn ist dabei die Schaltzentrale des Körpers. Es empfängt und bearbeitet die Daten der Sinne und übermittelt sie der Seele. Je nach Art der körperlichen Sinneserfahrungen kommt es deshalb zu sehr unterschiedlichen seelischen Gefühlen und Reaktionen. Eine Stunde Liebesspiel und eine Stunde Folter. Beides berührt vordergründig nur den Körper und führt doch im Seelischen zu extrem unterschiedlichen Empfindungen und Stimmungen. Die Seele wiederum übermittelt ihre Absichten in Form der Gedanken und Gefühle energetisch an das Gehirn, das sie an die betreffenden Organe und Körperteile weitergibt. Deshalb kann ich in der Hypnose körperliche Schmerzen verschwinden lassen. Ich suggeriere der Seele positive Bilder und diese reicht sie an das Gehirn weiter. In entsprechenden Hirnregionen beziehungsweise Zellkomplexen erfolgt nun die Bearbeitung, was man durch Messgeräte, die die elektrischen Aktivitäten des Gehirns feststellen, beobachten kann. Die betreffende Hirnregion steuert den Organbereich, wo sich die Information der Seele beispielsweise positiv als Heilung oder negativ als Erkrankung zeigt. Daraus folgt, dass das Gehirn keineswegs selbständig denkt. Es ist ein biologisches

Gerät, das nur so lange und so gut funktioniert, wie es die Seele zulässt. Eine Seele in Unruhe, Angst oder Panik zeigt sich dann durch entsprechende messbare Erscheinungsformen auf der Körperebene, wie u.a. Schwingungsveränderungen im Gehirn, Herzrasen, Schweißausbrüche oder z.b. auch hohen Blutdruck.

Dr. Hamer, der verstorbene Begründer der germanischen Medizin, hatte festgestellt, dass im Fall eines Tumors sich in den Zellen des Gehirns, die den erkrankten Organbereich steuern, immer eine entsprechende Veränderung im CT-Bild zeigte, und nannte sie das DHS-Syndrom. Eine schießscheibenförmige Konfiguration, die ihn vermuten ließ, dass es einen unmittelbaren Zusammenhang zwischen Steuerungsorgan und dem erkrankten Organ geben müsse. Leider werden die in vielen Teilen durchaus anerkennungswürdigen Erkenntnisse dieses Arztes von der Schulmedizin verteufelt und nicht anerkannt. Würde man sie ernst nehmen, käme das einer Revolution in der Medizin gleich.

Der physische Körper,
Spiegel unserer Seele ...

Für viele von uns ist ihr Körper eine weitgehend unbekannte Maschine, die gut zu funktionieren hat und deren tatsächliche Leistung erst in unser Bewusstsein tritt, wenn sie plötzlich ganz oder teilweise ihre Arbeit einstellt. Dann rennen wir zum Arzt, der sich um unsere Gesundheit kümmern, unseren Körper reparieren und wieder leistungsfähig und funktionstüchtig machen soll. Den wenigsten ist bewusst, dass jede Erkrankung – vom Fußpilz bis zum Hirntumor – seelischen Ursprungs ist. Der Körper als Erfüllungsgehilfe der Seele spiegelt in Gestalt der Symptome nur die Probleme, die sie mit unserem Ich und das wiederum mit dem Außen hat. Jede Krankheit ist also eine Botschaft unserer Seele an unser Tagesbewusstsein, die es zu verstehen gilt. Und so wird uns zunehmend die psychologische Anatomie unseres Körpers bewusst, die Tatsache, dass jedes Organ einen bestimmten seelischen Bereich spiegelt. Darüber hinaus lernen wir die unterschiedlichen Krankheiten am gleichen Organ und ihre jeweilige Botschaft zu verstehen. Keine krankhafte Veränderung am Körper geschieht ohne Veranlassung und Zulassung durch die Seele! Der Körper reagiert sogar sekundenschnell auf seelische Zustände, was man foto- und messtechnisch auf verschiedene Weise nachweisen kann. Und so ist es nur verständlich, dass wochen- und monatelanges seelisches Leid am Ende zu einer entsprechend schweren körperlichen Erkrankung führt.

Welche Rolle spielen dann die Gene? Der von der Seele aufgestellte Lebensplan manifestiert sich unter anderem auf der körperlichen Ebene in den Genen. Man hielt sie anfänglich für unveränderbar. Heute wissen wir, dass starke Gefühle durchaus in der Lage sind, Gene zu verändern. So wie wir auch in der Lage sind, unser Karma zu verbessern, wenn wir durch Meditation und diverse Therapien an unserem Bewusstsein arbeiten. Jegliche seelische Heilung ist so betrachtet Ausdruck einer gelungenen Karmabearbeitung. Das Karma ist das Gesetz von Ursache und Wirkung. Seelische Ursachen, die wir häufig aber nicht nur aus sogenannten Vorleben mitbringen, führen zu Auswirkungen in unserem aktuellen Leben. Seit über 30 Jahren arbeite ich als Rückführungstherapeut an genau solchen Fällen. In der Trance erlebt der jeweilige Patient die Traumen vergangener Leben, die das heutige Verhalten bis hin zu schwersten Schicksalsschlägen begründen. Ein durch mich im Trance-Prozess suggerierter Erlösungsweg gleicht deshalb das betreffende Seelenkonto aus, der Patient kommt in diesem Punkt ins Gleichgewicht und das entsprechende Körpersymptom bildet sich etwas zeitversetzt wieder zurück, wenn dem kein karmischer Umstand entgegensteht. Die Krankheit verschwindet, der Patient ist geheilt.

So gesehen ist Heilung in erster Linie Heilung des Bewusstseins. Zwingende Voraussetzung dafür ist die Offenheit des Patienten und seine Veränderungsbereitschaft. Und so gilt: Ich kann als Arzt, Heilpraktiker oder Heiler eine Reparatur bzw. Wiederherstellung der Funktionalität und damit körperlichen Gesundheit bewirken, aber Heilung bezieht sich immer und ausschließlich auf die Seele und ist immer Selbstheilung! Während „Gesundheit" eine Zustandsbeschreibung des Körpers ist, beschreibt „Heilung" bzw. „Heil-Sein" einen Seelenzustand.

Aber was bedeutet das, wenn es trotz aller Maßnahmen, durch welchen Behandler auch immer, nicht zur Heilung beziehungsweise dem Verschwinden des betreffenden Symptoms kommt? Nun, die Seele kann sich lebenslang gültige und nicht veränderbare Programme und Erfahrungen in ihren Plan schreiben. So muss der Contergan-Patient, das Unfallopfer, das ein Bein verlor, und derjenige, der behindert geboren wurde, sich mit diesen Rahmenbedingungen ein Leben lang abfinden. Wenn sich in solchen Fällen auch auf der körperlichen Ebene keine Besserung erzielen lässt, so doch auf der seelischen Ebene. Im Rahmen der Reinkarnationstherapie erfährt der Patient dann, welche Vorlebenserfahrungen sein Schicksal begründen. Suggestive Formeln im Sinne einer Versöhnung mit dem eigenen Schicksal können dazu führen, dass sich die Lebensqualität des Betreffenden sehr positiv verändert, da es ja letztlich um die Heilung von Seelenzuständen geht.

In der letzten Zeit wird in den Medien und in esoterischen Kreisen immer häufiger über die „drei Gehirne im Menschen" spekuliert. Tatsächlich lehre ich das meine Schüler seit über dreißig Jahren. Über das physische Gehirn haben wir schon ausführlich gesprochen. Sogar die Medizin spricht nun im Zusammenhang mit dem Nervengeflecht im Darm von einem zweiten Gehirn und es mehren sich die wissenschaftlichen Aussagen, dass Impulse, die von diesem Geflecht ausgehen, oft Hirnimpulse überlagern. Nicht umsonst behaupten spirituelle Traditionen schon seit Jahrtausenden, dass das Solarplexus-Chakra, das u.a. die Verdauung steuert, uns energetisch mit der Mental- sprich Gedanken-Ebene verbindet. Tatsächlich gibt es eine kausale Verbindung zwischen Dünndarm und Gehirn. Beide tun im Grunde genommen das Gleiche: Beide analysieren und integrieren Information. Der Dünndarm stoffliche Information in Form der Nahrung und das Gehirn nicht-stoffliche Information in Gestalt der Daten, die ihm über unsere Sinnesorgane zufließen. Und so drücken sich z.B. „Integrationsprobleme" je nach Art entweder durch Hirn- oder Dünndarmerkrankungen aus.

Dazu ein Beispiel: Vor Jahren brachte man mir ein neunjähriges Mädchen, Teil eines eineiigen Zwillingspaares. Sie litt an einem Hirntumor, der nach erfolgreicher Operation gerade wieder zu wachsen begann. Bei diesem Krankheitsbild weiß ich dank der psychologischen Anatomie sofort, um welchen Konflikttyp es sich dabei handelt. Ein Tumor ist generell immer Ausdruck eines seelisch subjektiv unlösbaren Konflikts. Ein Hirntumor kennzeichnet Menschen, die „hirnen", d.h. einen Lebensumstand oder einen Schicksalsschlag nicht annehmen und integrieren können. Ihn immer wieder gedanklich ohne Erfolg durchkauen, bis es schließlich zur Reaktion des permanent überforderten Organs kommt und die erste Zelle des Gehirns entartet.

Das Mädchen war als der gefühlsorientierte YIN-Aspekt des eineiigen Zwillingspaares der Liebling ihres Vaters. Wie es sich in der therapeutischen Bearbeitung schließlich herausstellte, begann der Tumor erstmals in Erscheinung zu treten, als ihr Vater wegen Ehekonflikten mit seiner Frau ernsthafte Anstalten machte, die Familie zu verlassen. Die Gedanken der Tochter kreisten nun ununterbrochen um dieses Thema. Sie hirnte unablässig: „Was habe ich getan, dass Papa mich verlässt?" Sie suchte also die Schuld bei sich selbst. Ein nicht lösbarer subjektiver Konflikt für das gefühlvolle Kind, da es ja tatsächlich nichts dafür konnte und auch nichts zur Lösung des Konflikts seiner Eltern beitragen konnte. Und so begann der Tumor zu wachsen. Subjektiv unlösbar heißt, dass immer die persönliche, subjektive Sichtweise und Struktur des Patienten dafür verantwortlich ist, wie er seelisch und in Folge körperlich reagiert. Die Schwester der Patientin, der YANG-Aspekt des Zwillingspaares und damit der durchsetzungsfähigere und selbstsicherere Aspekt, wandte sich demonstrativ von ihrem Vater ab: „Wenn der Typ gehen will, soll er doch gehen!" Sie machte also aus dem Geschehen keinen Konflikt für sich selbst und erkrankte deshalb auch nicht. Biologisch hundertprozentig identisch, aber seelisch gegensätzlich gepolt, reagierten beide Schwestern also auf den gleichen Konflikt entsprechend unterschiedlich.

Neu ist, dass inzwischen in den Medien über ein „Gehirn im Herzen" gemutmaßt wird. Man hat festgestellt, dass das elektromagnetische Feld des Herzens mit Bereichen des Gehirns scheinbar in Wechselwirkung steht bzw. sie häufig sogar dominiert. Wie ist die Aufgabenverteilung dieser drei Gehirne aus spiritueller Sicht zu verstehen? Das physische Gehirn steht hauptsächlich für die rationale Datenverarbeitung und die Körpersteuerung, das zweite Gehirn im Darm ist federführend in Bezug auf die unbewusste und instinkthafte Seite unserer Persönlichkeit. Während die Mehrheit der Menschen sich lediglich des physischen Gehirns bedient, sind es nur wenige, die instinktgesteuert entscheiden und handeln und somit „aus dem Bauch heraus" agieren. Nur ein Bruchteil der Menschen ist allerdings bereits in der Lage, aus dem Herzen heraus – dem intuitiven Aspekt in uns – wahrzunehmen und zu handeln. Hier im Herzen ist der Sitz unseres göttlichen Wesens, sind wir mit allem verbunden, was ist, hier haben wir Zugang zu dem Wesen anderer Menschen, wissen und fühlen wir, wie es anderen geht. Ich demonstriere das oft in meinen Workshops, in dem ich wildfremden Menschen zu ihrer Verblüffung aus innerer Schau Dinge sage, die ich eigentlich nicht wissen kann, da wir uns gerade zum ersten Mal begegnet sind. Allerdings ist dafür das absolute Vertrauen in die eigene Wahrnehmung und die eigene innere Kommunikation zwingende Voraussetzung. Nur wenn mein Ich – zu Beginn meiner Entwicklung zeitweise, am Ende dauerhaft – eins ist mit meinem Höheren Selbst, dem göttlichen Wesenskern in mir, ist meine Wahrnehmung objektiv, vorher nur relativ. Daher die dringende Empfehlung zur Unterordnung des Ichs: „Herr Dein Wille geschehe". Und so ist es schlauer und erfolgversprechender, Papa entscheiden und durch uns handeln zu lassen. Wäre da nicht unser Ego, das lieber selbst auf dem Thron sitzt und so oft gute Ansätze unserer Seele vereitelt.

Seit kurzem hören wir in der Forschung von einer Sensation, die wahrscheinlich gravierende Auswirkung auf das Leben künftiger Generationen haben wird. Eine Forscherin hat die Gen-Schere erfunden, eine Methode, unliebsame oder störende Teile der Genstruktur quasi herauszuschneiden und erwünschte Gene einzubauen. Das heißt, dass wir zukünftig noch einfacher und schneller unsere Genstruktur manipulieren können, um den „perfekten" Menschen zu erschaffen. Und wieder wird ein dramatisches Ungleichgewicht entstehen. Einige wenige, die es sich leisten können, werden so die Möglichkeit haben, in Aussehen und intellektueller Leistungsfähigkeit überragende Babys auf die Welt zu setzen. Eben perfekte Designer-Babys. Die große Masse wird das nicht können und so könnte aus dem Homo sapiens, der heutigen Krone der Schöpfung, bald ein zweitrangiger Verlierer werden, wenn durch solche Eingriffe und die Vererbung dieser „veredelten" Gene eine neue Rasse entsteht, die dem heutigen Menschen weit überlegen ist. Wehret den Anfängen. Leider gilt: Was möglich ist, wird in der Wissenschaft und Technologie über kurz oder lang auch gemacht.

Höhere Körper und Seele – wie passt das zusammen?

Jeder unserer vier Körper ist ein Trägersystem für unsere Seele, besteht aus den Bausteinen der betreffenden Existenzebene, verbindet uns mit ihr und erlaubt uns mit seiner Hilfe die gewünschten Erfahrungen zu machen. Das gilt für alle Körper und nicht nur die unseren. Ein Körper ist eine Form und jede Form in der Schöpfung ist beseelt. So lehren es uns seit alters her die Esoterik und die Naturreligionen. Wir sprechen von Mutter Erde und bringen damit zum Ausdruck, dass auch sie beseelt und eine Wesenheit ist. Der menschliche Körper gehört der physischen Ebene an und ist eine zeitlich begrenzte Leihgabe von Mutter Erde, die am Ende unseres Weges zurückgegeben werden muss. „Von Staub seid ihr genommen, zu Staub sollt ihr wieder werden". Ersetzen wir nun das Wort „Staub" durch Atome und Moleküle, die Grundbausteine der Materie, so verstehen wir das Folgende.

Auf der physischen Ebene sind es unsere Sinnesorgane, die es uns ermöglichen, diese Welt zu erfassen und zu verstehen. Leider ist ihre Wahrnehmungsqualität sehr begrenzt, d.h., wir Menschen nehmen über unsere Sinne nur einen winzigen Bruchteil der Wirklichkeit wahr. Die Sinnesleistung vieler Tiere ist oft wesentlich größer als die unsere. Deshalb erleben sie die gleiche Umwelt oft ganz anders als wir. Ein Elefant hört Infraschall über die Füße und kommuniziert mit Artgenossen über große Entfernungen. Der Geruchssinn von Bären ist um ein Vielfaches stärker ausgeprägt als der des Menschen. Eine Krabbe im Meer hat das komplexeste Auge aller Geschöpfe auf Erden und nimmt Dinge und Lichtformen wahr, die wir nur über Geräte erkennen können. Insekten sehen Farben, die unser Auge nicht wahrnehmen kann. Das Kurzzeitgedächtnis von Schimpansen ist wesentlich besser als das von Studenten, wie Experimente in einem Primatenzentrum in Japan bewiesen haben. Die Liste ließe sich beliebig fortsetzen.

Wir nehmen also über unsere Sinne nur einen sehr geringen Teil dessen wahr, was ist. Sagen wir mal drei Prozent. Und auf Basis dieser wenigen Sinnesdaten baut unser Gehirn nun ein Wirklichkeitsbild, fußen all unsere Entscheidungen und Handlungen auf ihnen, managen wir unser Leben. Wir haben natürlich gelernt, über Instrumente unsere Sinnesleistungen zu verbessern. Wir schauen in ein Mikroskop, sehen mit Nachtsichtgeräten und hören die Kommunikation der Wale und Delfine im Meer mittels empfindlicher Mikrofone und Aufnahmegeräte. Aber diese Form der Steigerung unserer Sinnesleistungen hat ihre Grenzen. Mit keinem noch so guten Gerät können wir die Seele und den Geist sicht- oder hörbar machen. Das geht nur über unsere inneren Sinne, Organe höherer Körper. Was macht einen Körper zu einem höheren Körper?

Wenn wir von sieben Ebenen der Existenz ausgehen und uns diesmal von unten nach oben arbeiten, haben wir es zuerst einmal mit unserem irdischen Körper zu tun. Obwohl er so wichtig für uns ist und wir ohne ihn nicht leben können, haben die meisten Menschen keine Ahnung davon, wie er funktioniert, welche großartigen Leistungen er vollbringt und wie er aufgebaut ist. Bausteine jeglicher Materie, und damit auch unseres Körpers, sind die Atome. 10^{28} Atome bilden einen durchschnittlichen menschlichen Körper. Sie bestehen aus den drei Elementarteilchen Proton, Neutron und Elektron. Um den Kern von Protonen und Neutronen kreisen Elektronen wie Planeten um die Sonne. Wie oben so unten. So wie im Makrokosmos zwischen den Planeten und der Sonne viel leerer Raum besteht, so ist es auch im Mikrokosmos der Atome. Um das zu verdeutlichen, machen wir ein Gedankenexperiment. Wir blasen einen Atomkern so auf, dass er die Größe eines Kirschkerns hat. Dann ist die ihm zugehörige Elektronenhülle 2,5 km und der nächste Atomkern 5 km entfernt. Deshalb sagt die Quantenphysik, dass der Mensch zu fast 99 Prozent aus leerem Raum besteht. Und im Makrokosmos? 95 Prozent der Masse im Universum besteht aus ungewöhnlicher, uns nicht bekannter Materie, 5 Prozent aus gewöhnlicher Materie. Die Materie, wie wir sie kennen, ist ein Randphänomen. Sie macht nur fünf Prozent des Universums aus. Und der Rest? Er ist für die Wissenschaft ein Rätsel.

Wenn also der menschliche Körper mehrheitlich aus leerem Raum besteht, woher kommt dann seine Masse bzw. sein Gewicht und wieso fühlen wir Festigkeit und Widerstand, wenn wir uns auf die Schenkel klopfen? 10^{28} Atome sind eine ganze Menge, aber insgesamt so winzig, dass sie sich in unserem im Verhältnis riesigen Körperraum verlieren wie Sonnen und Planeten im Weltraum. Masse und damit Gewicht hat im Wesentlichen nur der Atomkern. Also machen wir ein weiteres Gedankenexperiment. Stellen wir uns ein Atom wie eine Apfelsine vor. Die Frucht ist der Atomkern, die Schale die Elektronenhülle. Wenn wir nun alle Atome ihrer Elektronen entkleiden, so wie wir eine Apfelsine schälen, so haben alle Atomkerne unseres Körpers Platz in einer Nadelspitze und die wiederum hat das Gewicht, das uns die Waage zeigt, wenn wir uns daraufstellen. Die Elektronenhülle stößt andere Elektronen ab, so dass ein Widerstand entsteht, den unsere Sinne als Festigkeit definieren. Und so kann unsere Hand nicht einfach durch unseren Restkörper gleiten wie durch Nebel.

Auch wenn wir ganz bewegungslos, in Meditation versunken, ruhig auf dem Boden sitzen, ist alles in uns in rasender Bewegung. Die einzelnen Teile unserer Atome drehen sich unablässig um die eigene Achse, was die Physik den Spin nennt. Die Geschwindigkeit dieser Eigenumdrehung beträgt dabei halbe Lichtgeschwindigkeit, also 150.000 km pro Sekunde. Wenn wir von den Teilen unserer Atome, also den Elementarteilchen, sprechen, bewegen wir uns bereits auf subatomarer Ebene und damit in dem Bereich, den die Esoterik den Ätherkörper nennt, der zur Siebenheit der physischen Ebene gehört und dessen Funktion ich bereits ausreichend erklärt habe.

Was unterscheidet nun den physischen und ätherischen Körper von den sogenannten höheren Körpern der Astral-, Mental- und Kausalebene und warum können wir sie normalerweise nicht sehen? Auch auf den höheren Ebenen spricht die Esoterik von Materie, die auf Atomen basiert. Und so haben wir auf der Astralebene einen Empfindungs-, auf der Mentalebene einen Gedanken- und auf der Herzebene den Lichtkörper. Der Unterschied zum physischen Körper besteht darin, dass die Atome der höheren Ebenen schneller schwingen und eine höhere Eigenumdrehung haben. Infolge können physische Augen, die nur auf eine bestimmte Wellenlänge und damit Bandbreite des Lichts eingestellt sind, diese Materie und damit auch die entsprechenden Körper von Wesen höherer Ebenen nicht sehen, selbst wenn sie sich im gleichen Raum bewegen. Erinnern wir uns: Selbst auf unserer Existenzebene gibt es Tiere, die ein größeres Lichtspektrum wahrnehmen und für die auf Erden die gleiche Umgebung farblich ganz anders aussieht und andere, die dank ihrer Augenkonstruktion nachts noch sehen können, wenn es für uns bereits stockdunkel ist. Das heißt, in der Regel hat nur das für uns subjektive Wirklichkeit, was unsere Sinne wahrnehmen. Objektiv gesehen existiert aber gleichzeitig viel mehr. An einem weiteren Gedankenexperiment will ich das verdeutlichen.

Stellen wir uns eine Person vor, die auf einem Stuhl in ihrer Küche sitzt und einen Apfel isst. Sie sieht den Apfel aus einer bestimmten Perspektive, riecht und schmeckt ihn und sieht ein aufgeklebtes Etikett, das ihr sagt, wo der Apfel gekauft wurde. Mehr von der an den Apfel gekoppelten Information ist für den Betreffenden in dieser Situation nicht abrufbar. Nun trifft diese Person der Schlag, sie stirbt, kommt auf der nächsten Ebene an, sitzt immer noch so da, kann aber jetzt dank ihres höheren Körpers wesentlich mehr wahrnehmen. Dafür verantwortlich ist die höhere Eigendrehgeschwindigkeit der Atome ihres neuen Körpers. Je höher z.B. die Datenverarbeitungsrate eines Computers ist, umso mehr kann er gleichzeitig leisten. Und so explodiert für die betreffende Person die Information, die bereits die ganze Zeit mit dem Objekt „Apfel" verbunden, aber auf Erden nicht abrufbar war. Die Person sieht die Umgebung und den Baum, auf dem der Apfel wuchs, das Klima, die Naturgeister, den Bauer, der sich um seine Obstwiese kümmert, seinen Streit mit seiner Frau und vieles andere mehr. Und so nimmt die objektgebundene Information von Ebene zu Ebene zu. Hier auf Erden nehmen wir am wenigsten wahr, hier ist die Information und ihre Aussagekraft bezüglich ihrer Wirklichkeit relativ. Erst auf der Kausalebene, in unserem Herzen, wo die Materie und unser dortiger Körper in Lichtgeschwindigkeit, also mit 300.000 km pro Sekunde schwingt, ist unsere Wahrnehmung objektiv und damit allumfassend. Wenn wir aus dem Herzen denken und handeln, sind wir erleuchtet, sind wir zurückgekehrt in das absolute Wissen. Das zeigt sich bereits ansatzweise in Vorstufen der Entwicklung. Und so hören und sehen wir zum

Beispiel bei YouTube die Schilderung von Nahtoderfahrungen. Menschen, die klinisch bereits tot waren, sich innerlich auf paradiesischer Ebene erlebten und auf dort in ihnen auftauchende Fragen zeitgleich eine Antwort erhielten. Auf diesen Ebenen gibt es keine Spaltung mehr. Zeit und Raum existieren nicht. Alles ist gleichzeitig. Fragen und Antwort fallen in einen Punkt, bilden ein Ganzes.

Fassen wir zusammen: Der Geist ist der göttliche Beobachter in uns, die Seele der Aspekt, der die Erfahrungen plant, sammelt und auswertet, der physische Körper ist der Teil unserer Dreiheit, der uns die Erfahrungen ermöglicht und macht. Demzufolge nennen wir das Zusammenspiel von Idee, Denken und Fühlen, von Kausal-, Mental- und Astralkörper unsere Seele. Das Ich ist der Teil unserer Seele, der als Rollenpersönlichkeit, die in jedem Leben neu gebildet wird und sich ihres Hintergrunds weitgehend unbewusst ist, den Lebensplan in die Tat umsetzt und verantwortet. Wie viel Freiheit hat unser Ich dabei? Wie sehr sind wir vorbestimmt? Auf diese Frage antworte ich immer: Das kommt darauf an, welchen Teil meiner Gesamtpersönlichkeit du fragst. Mein göttlicher Wesenskern hat alle Freiheit, ist allumfassend und allwissend. Meine Seele ist frei im Hinblick auf ihre Planung, unterliegt aber den übergeordneten göttlichen Gesetzen, in deren Rahmen sie sich nur bewegen und erfahren kann. Mein Ich ist wie der Schauspieler, der von einem Theater engagiert wird, das er nicht gebaut hat, einen Text sprechen muss, den er nicht geschrieben hat, und mit anderen Schauspielern ein Stück aufführen muss, das er nicht ausgewählt hat. Worin besteht also meine vielzitierte Freiheit? Allein darin, wie ich das Stück interpretiere und auf die Bühne bringe. Alles andere ist vorbestimmt. Mein Ich hat weder die Zeit, noch den Ort seiner Geburt, noch seine Eltern ausgewählt.

Die Dinge geschehen ihm, ohne dass es in der Regel weiß, wieso und warum. Erst am Ende einer langen Reihe von Inkarnationen werde ich mir meines Plans und damit meines Ursprungs bewusst. Dann verschmelzen alle Teile in mir zur Einheit, bin ich wieder der Gottesteil, der, ursprünglich aus dem Licht kommend, ständig auf Reisen war, und nun wieder zurückgekehrt ist ins Vaterhaus.

Die Kunst des Heilens beginnt mit dem Verständnis von Signalen ...

... Signale, die von der Rollenpersönlichkeit, dem Ich kommen. Zuerst zeigen sie sich bei der Überprüfung meiner Patienten im Chakra-System und hier insbesondere an den sieben Haupt-Chakren entlang der Wirbelsäule. In der Anamnese berichtet mir der Betreffende von einer Reihe von Krankheiten, die er in seinem bisherigen Leben erleiden musste, und ich übersetze mir sofort diese physischen Ereignisse in ihre seelische Botschaft. Als Heiler interpretiere ich also energetische und körperliche Zustände. Erst wenn ich eine klare Vorstellung von der persönlichen Problematik meines Patienten und seines Lebensweges habe, beginnt die Behandlung.

Hinsichtlich dessen, was ein Heiler tut und welche Kräfte dabei im Spiel sind, gibt es immer noch die merkwürdigsten Vorstellungen und Behauptungen. Mehrheitlich kursieren immer noch mystische und romantisierende Ansichten. Der Betreffende hält sich dann für einen Kanal göttlicher oder kosmischer Energien. Klar, letztlich ist alles, was ist, göttlich! Aber wir verdanken es – und das ist nicht ohne Pikanterie – dem ehemaligen Gegner der Esoterik, der Physik, dass wir heute eine Menge über die konkreten und realen Hintergründe humanenergetischer Behandlungsformen wissen. Was also passiert beim Handauflegen und welche Energien sind wirklich im Spiel? Die Physik spricht von den vier Grundkräften der Natur: der starken und schwachen Kernkraft, der Gravitation und dem Elektromagnetismus. Und so speisen sich alle heute praktizierten energetischen Behandlungsformen der unterschiedlichen Heiler aus dem Elektromagnetismus. Heiler arbeiten also mit einem Teil des elektromagnetischen Wellenspektrums: dem optischen Licht. Das hat die Biophotonen-Physik seit Jahrzehnten bewiesen. Deshalb erzählten Menschen seit Jahrtausenden, dass sie um Menschen eine diffuse Lichtabstrahlung beobachteten, und nannten sie Aura oder Heiligenschein. Aus diesem Grund heißen Heiler in unserem Nachbarland Frankreich „Magnetiseure".

Mittels des Lichts werden Informationen ausgetauscht und Daten übertragen. Professor Andreas Popp, führender Biophotonenforscher in Deutschland, machte folgendes Experiment: Zwei Gläser mit frischem Schweineblut werden nebeneinander gestellt. In das eine Glas träufelt er einen Erreger, das Blut reagiert mit der Bildung von Antikörpern. Soweit ist alles ganz normal. Doch dann kann man im Labor beobachten, dass auch das Blut im zweiten Glas Antikörper produziert – obwohl keine Erreger hinzugefügt wurden. Wie ist das möglich? Antwort: Das Blut in den Gläsern hat Informationen ausgetauscht. Der Informationsträger ist Licht! Beweis: Wenn man eine lichtundurchlässige Wand zwischen die Gläser stellt, wird die Information, Antikörper zu bilden, nicht übertragen.

Krankheit ist u.a. Ausdruck gestörter Lichtverhältnisse in den Zellen. Verändert sich die gesetzmäßige Lichtabstrahlung von Zellen aufgrund negativer Einflüsse (z.B. durch Kunstlicht, das nicht dem Sonnenspektrum entspricht), so ist dies ein Vorbote kommender oder bereits erfolgter Erkrankung, und der Hellsichtige sieht an der betreffenden Stelle der Aura des Kranken eine Farbveränderung. Auch das lang anhaltende Zusichnehmen von Lebensmitteln negativer Lichtqualität kann zu einer Beeinträchtigung des Lichts in unseren Zellen und damit zu einer Erkrankung führen, z.B. Fleisch und Eier aus der

Masttier- bzw. Batteriehaltung, genmanipulierte und bestrahlte Produkte, künstlich gereiftes Obst und Gemüse usw.

Wenn mir also ein Patient in der Anamnese ein halbes Dutzend Krankheiten aufzählt, so übersetze ich mir das sofort in ihre jeweilige seelische Botschaft. Komplettiert wird mein Bild von dem Kranken durch die Interpretation des Zustandes seiner Hauptchakren und seiner YIN/YANG-Problematik. Schließlich beobachte ich noch Augenausdruck, Körperhaltung, Mimik und Gestik, denn diese nonverbale Kommunikation ist oft ehrlicher als das, was der Patient bewusst formuliert. Erst danach stellt sich die Frage, welche Behandlungsform in dem betreffenden Fall angesagt ist. Nicht selten empfehle ich dabei schulmedizinische Diagnostik zur Abklärung und auch operative Eingriffe, wenn ich als Medium erkenne, dass diese grobstofflichen Eingriffe aus karmischen Gründen hilfreich wären. Ich nutze also meine Medialität zur Abklärung der seelischen Ursachen und arbeite selbst meistens in der Kombination von Energie- und psychologischen Methoden in Form der Trance- und Hypnose-Therapie. Die übertragene Lichtenergie sorgt für die Wiederherstellung der Harmonie im physischen und ätherischen Körper. Mittels der psychologischen Methoden, meistens in Gestalt von Neurolinguistischem Programmieren (NLP) und Rückführungstherapie, betreibe ich Ursachenforschung und anschließend die Erlösung der betreffenden seelischen Problematik durch geeignete in die Trance gesetzte Suggestionen, die immer fallbezogen und auf den betreffenden Patienten zugeschnitten sind.

Diese Suggestionen sind so machtvoll, dass sie, im Zusammenspiel mit der Energiezuführung, zeitversetzt auch schwerwiegende Krankheitsbilder wie Tumore zur Rückbildung führen können. Und so habe ich bei Rückfallpatienten, die schulmedizinisch eine finale Diagnose hatten, den Tumor auflösen dürfen, was die Schulmedizin dann als Spontanremission interpretierte. Nochmal zur Erinnerung: Ich erzähle jedem Patienten bereits in der ersten Sitzung, dass nicht ich ihn heile, sondern er durch Zulassung und Veränderungsbereitschaft sich mit meiner Hilfe selbst heilt! Ich nehme ihm – was die Schulmedizin leider fördert und zulässt – nicht die Verantwortung für seine Krankheit und sein Schicksal ab, sondern mache ihm bewusst, dass nur er seines Glückes Schmied ist.

Grundsätzlich ist jede Krankheit heilbar, wenn man sie nicht nur als körperliche Erscheinungsform, sondern als seelische Notlage versteht. Wie gesagt, nicht immer ist das Körpersignal zum Verschwinden zu bringen, aber wer guten Willens ist, kann seelisch geheilt und in Harmonie gebracht werden. So ein Fall war 1984 meine allererste Patientin. Sie war die Schwester eines Schülers, litt an Leberkrebs im Endstadium und hatte nur noch wenige Wochen zu leben. Man brachte sie liegend aus Hamburg zu mir ins Saarland – so schwach war sie bereits. Ihr Anliegen und ihre Erwartungen waren keineswegs, noch wunderbar geheilt zu werden. Das Motiv für ihr Kommen war Todesangst. Als ungläubiger und noch relativ junger Mensch hatte sie sich nie um den Tod und die Zeit nach ihrem Erdenleben Gedanken gemacht. Nun kam der Tod viel früher als gedacht und die in ihr aufsteigende Angst, was und ob überhaupt etwas danach kommt, ließen sie nicht mehr zur Ruhe kommen und sich für ihren Abgang vorbereiten. Sie hörte von mir durch ihren Bruder und dass ich meinen Schülern detaillierte Schilderungen über das „Danach" gab. Und genau das wollte sie. Glaubwürdige Information darüber, was auf die Menschen nach ihrem Tod zukommt. Sie blieb eine Woche und ich vermittelte ihr auf verschiedene Art eine Vorstellung davon, was sie erwartete. Diese Informationen waren für sie gefühlsmäßig und intellektuell überzeugend. Und so fuhr sie gefasst und seelisch gestärkt wieder nach Hause. Auf dem Totenbett schrieb sie mir noch einen Brief, in dem sie sich für meine Hilfe bedankte und mir versicherte, dass sie nun angstfrei stürbe. Heilung bedeutet also nicht zwingend ein Verschwinden des Körpersymptoms oder das physische Überleben, sondern ist immer eine erfolgte positive Veränderung im Seelischen. Und ist – wie wir im Nachfolgenden erfahren werden – von entscheidender Bedeutung für unsere Erfahrungen im Jenseits.

Die Kunst des Heilens beginnt mit dem Verständnis von Signalen und endet mit der Wahl geeigneter Hilfsmittel. Generell unterscheiden wir zwischen reiner Körperbehandlung und das Ergebnis definieren wir dann als Gesundheit und der Ursachenbehandlung in Form seelischer Techniken. Und dieses Ergebnis bezeichnen wir dann als Heilung. Während auf der körperlichen Ebene vieles zum Einsatz kommen kann, vom allopathischen über das homöopathische bis zum operativen Eingriff, arbeiten wir auf der Seelenebene hauptsächlich mit zwei Instrumenten: der esoterischen Psychologie und energetischen Techniken, die scheinbar ständig neu entdeckt werden, die aber alle dem Elektromagnetismus entstammen. Der alte Wein wird ständig in neuen Schläuchen verkauft und wie bei Pharmaprodukten wird der Eindruck erweckt, dass es sich bei dem Neuen um etwas Besseres und Wirkungsvolleres handeln würde. Die allgemeine Unwissenheit über Grundsätzliches im esoterischen Behandeln erlaubt es, dass oft ein neues Etikett reicht, um „die neue Methode" gewinnbringend an den Mann zu bringen. Und so erschienen in den letzten dreißig Jahren ständig scheinbar neue energetische Behandlungsformen auf dem Markt. Man hat den Eindruck, dass es dabei in erster Linie um den materiellen Faktor, um den Mammon geht. Das Marketing hat auch in der Esoterik Einzug gehalten. Magisches und Spirituelles, von unseren Vorfahren hoch geschätzt und in Ehren gehalten, wurden zu rein Käuflichem herabgewürdigt. Dabei ist wieder viel Lug und Trug im Spiel. Man verkauft dem unwissenden breiten Publikum magische Techniken, ohne auf ihre Gefahren hinzuweisen. Man bezeichnet seelische und damit magische Behandlungen als spirituell und hat oft selbst keine Ahnung davon, was beide voneinander unterscheidet. Deshalb erlebt man immer wieder auch in Publikationen, dass die beiden Begriffe „Seele" und „Geist" gegenseitig ausgetauscht und verwechselt werden, dass man ursprünglich Seelisches als spirituell verkauft. Und das kann dramatische Folgen haben.

Die Seele – und damit auch ihre Techniken – sind dual und können somit nutzen und schaden. Deshalb unterscheiden wir ja in weiße und schwarze Magie. Woran erkennt man magische Techniken? Erstens daran, dass sie in der Regel käuflich sind und nur der Fluss der Information über ihre Regeln und Rituale ausreicht, um Magie zu praktizieren. Das heißt, selbst wenn ich durch Diebstahl zur Kenntnis dessen komme, was früher aus guten Gründen geheim gehalten wurde, kann ich Magie ausüben. Das wusste bereits Goethe und hat deshalb den Zauberlehrling geschrieben. Und so wie dem Zauberlehrling geht es vielen Ausübenden magischer Techniken. Eine reine Technikvermittlung ohne wirkliches Hintergrundwissen führt dazu, dass der Zauberlehrling die Geister, die er rief, nicht mehr los wird und mit dem, was er tut, letztlich schädigt. Zweitens erkennt man magische Techniken daran, dass sie dem Gesetz des Instrumentalen folgen. Das heißt, dass die Nutzung seelischer Kräfte immer an den Einsatz von Instrumenten gebunden ist:

den Zauberstab, Mantren und Sutren, Symbole, Düfte, Tränke, Körperbewegungen, Drogen. Die Liste ließe sich beliebig verlängern. Und so braucht der Reiki-Ausübende die Symbole, um die Energie seelischer Ebenen abrufen zu können. Der Schamane versetzt seine Schüler mittels Pilzen, Kräutern oder anderer Drogen in einen Zustand, wo sie entweder himmlische oder höllische Erfahrungen machen. Das Dumme ist, der Konsument hat es oft nicht in der Hand, ist ausgeliefert und nicht selten Opfer. Deswegen ein guter Rat: Informiert euch vorher ausführlich und umfassend über das, was ihr auf diesem Weg vorhabt, und geht keine unnötigen Risiken ein. Werdet nicht durch Schaden klug!

Der seelischen Ebene folgt die geistige. Die magische Ebene wird von der spirituellen Sphäre und ihrer Energie sowie ihren Regeln und Gesetzen überlagert und dominiert. Was unterscheidet die Seele und den Geist noch? Im Licht sind wir in der Einheit und Ganzheit, Dualität existiert nicht. Deshalb gibt es zu Hause keine dualen Zustände, weder Gut noch Böse, gibt es deshalb auch nicht den polaren Zustand von Nutzen und Schaden. So ist der Einsatz von spiritueller Energie im Gegensatz zur magischen vollkommen ungefährlich. Den Unterschied zwischen den Ebenen kann man fühlen. In meinen Seminaren und Workshops gebe ich den Teilnehmern gewöhnlich eine Ferntherapie, in der ich sie das Licht des Physischen, Seelischen und Geistigen nacheinander fühlen lasse. Die Mehrzahl empfindet deutliche Unterschiede und versteht nun, dass Licht nicht gleich Licht ist, dass die Herkunftsebene darüber entscheidet, wie sich diese Energiewellen auf unsere Seele und unseren Körper auswirken. Mit dem Licht der physischen Ebene – denkt an einen Laser – kann man zerstören und töten. Mit dem Licht der seelischen Ebene ist das gleichfalls möglich, denkt an die energetischen Impulse, die im Voodoo mittels der Puppe auch auf weit entfernte Personen übertragen werden können. Nur die geistige Energie kann niemals, und auch nicht ungewollt, schaden!

Medialität und Magie, oder die Kommunikation mit anderen Welten

Anfang der 80er Jahre erlebte ich zum ersten Mal, wie es ist, eine innere Stimme zu hören. Aus einer gutbürgerlichen Familie kommend, ohne religiöse Erziehung und an der Materie und weltlichem Erfolg orientiert, waren nach meiner damaligen Einschätzung esoterisch interessierte Menschen und ihre Erfahrungen etwas für den Psychiater. Wer Stimmen hörte, war krank. Wer an einen Gott glaubte, hatte nur Angst vor dem Sterben. Und dann passierte es mir selbst! Ich hatte plötzlich eine Stimme in meinem Kopf. Das brachte mich ganz schön ins Schleudern. Wie sollte ich damit umgehen? Ich hinterfragte mich und kam zu dem Ergebnis, dass ich nicht krank sei, es aber offensichtlich Erfahrungen gab, die ich zuvor für krankhafte Einbildung und Fantasie gehalten hatte. Ich musste zugeben, dass es offensichtlich mehr zwischen Himmel und Erde gab, als ich mir hatte träumen lassen. Und dann erwachte meine Neugier. Ich wollte mehr wissen. Ich stellte Fragen und bekam Antworten. So wurde mit der Zeit aus einem Unwissenden ein Wissender und dann aus einem Wissenden ein Erfahrender. Deshalb sage ich heute nicht mehr „ich glaube an Gott", sondern „ich habe Papa kennengelernt". Ich bestätige, dass es möglich ist, zu Gott ein inniges und persönliches, fast menschliches Verhältnis zu haben. Ich scheue mich nicht mehr, von meiner Liebe zu ihm zu sprechen, was mir zu Beginn meiner Mission geradezu peinlich war.

Ich kann sehr gut verstehen, dass viele Menschen nicht an einen Gott glauben. Sie hören in den verschiedenen Religionen von einem letztlich unbegreiflichen Wesen, das nach unverständlichen Regeln unser Leben bestimmt und uns scheinbar allein lässt, wenn wir es am dringendsten brauchen würden. Andere sind blind gläubig, folgen unkritisch Autoritäten und haben beim Eintritt in das Feld der Religion und der Esoterik offensichtlich ihren Verstand an der Garderobe abgegeben. Die vielen Selbstmordattentäter und Opfer obskurer Sekten sind ein deutlicher Beleg dafür. Was mich persönlich letztlich überzeugte, war die Art, in der Gott mir begegnete. Da war nie ein von oben herab, sondern nur väterliche und brüderliche Liebe. Unser Verhältnis war nie unkritisch. Ich sagte ihm, was mir an ihm und seiner Schöpfung nicht gefällt, und erlebte nie Zurechtweisung, sondern nur Verständnis. Er bestrafte mich nie, sondern wies mich auf meine Fehler im Denken und Verstehen hin. Er lehrte mich, dass es nicht darum geht, sich oder andere zu verurteilen, sondern sich zu fragen, ob das, was ich oder andere gewählt haben, wirklich unserem letzten, großen Ziel dient. Also Beurteilung statt Verurteilung. Ich durfte sieben Jahre lang sein Sprechmedium in einem geheimen Zirkel sein, und die, die es erlebten, waren von seiner energetischen Präsenz im Raum sehr beeindruckt. Dann bat ich um Dispens und nutze meine innere Kommunikation seitdem zur Steuerung meiner Therapien und Seminare.

Ein Beispiel dazu aus meiner Praxis. Vor einiger Zeit war ich zu einem eintägigen Workshop in einer ostdeutschen Stadt. Ein Schüler hatte ca. 30 Interessenten eingeladen. Vormittags hielt ich einen Vortrag zum Thema „Geistiges Heilen zwischen Mythos und Wissenschaft", der Nachmittag diente der praktischen Erfahrung. Zuerst gab ich allen Teilnehmern eine Ferntherapie und ließ sie das Licht und die Farben des Physischen, Seelischen und Geistigen nacheinander fühlen und seine jeweilige Wirkung auf Körper und Seele spüren. Danach kam jeder auf die

Liege und erfuhr, wie das Chakra-System überprüft und sein Zustand interpretiert wird und was es über die aktuellen seelischen Probleme und ihre Widerspiegelung in den Organen aussagt. In der ersten Reihe saß ein Paar, das durch Aussehen, Kleidung und Auftreten etwas den Gruppenrahmen sprengte. Beide waren sehr attraktive Menschen und sahen aus, wie aus einer Soap-Opera entsprungen. Und ich fragte mich, wieso sie sich hierher verirrt hatten. Alle Teilnehmer erlebten nun auf der Untersuchungsliege, dass ich ihnen nach kurzer Überprüfung und innerer Schau Dinge über sie sagte, die ich eigentlich nicht wissen konnte, da ich sie alle zum ersten Mal sah. Als der Mann aus der ersten Reihe dran war, schaute ich ihn kurz an, hatte eine bestimmte innere Information zu seinem Körperzustand und fragte ihn deshalb: „Was ist mit Ihrem rechten Hoden los?" Er zuckte etwas zurück und meinte dann leise, dass er da vor einigen Jahren einen Tumor hatte, der aber erfolgreich operiert sei.

Im Rahmen des Workshops erklärte ich die Krankheitsbilder meiner Teilnehmer und so sagte ich ihm und allen Gruppenmitgliedern, dass ein Hodentumor für den Revierkonflikt steht. Dass der Löwe, der Hengst, der Manager, wenn sie aus ihrem Revier verdrängt werden, dazu neigen, ihren Konflikt in Gestalt der Erkrankung der Hoden zu signalisieren. Er bestätigte das und erzählte dann mir und allen anderen die Geschichte. Er war Privatdozent und Facharzt für Orthopädie in eigener Praxis, und als er noch Oberarzt an einer Klinik gewesen war, habe er einen Kollegen ausgebildet, der ihn dann im Nachhinein durch Intrigen und falsche Beschuldigungen aus dem Krankenhaus geekelt und damit aus seinem Revier geworfen hatte. Danach begann der Tumor zu wachsen. Gleiches hatte übrigens der kürzlich verstorbene Dr. Hamer,

Begründer der germanischen Medizin, erlebt. Auch er wurde aus „seinem Revier", einem Krankenhaus, geworfen, wo sein sterbender Sohn auf eine Weise behandelt wurde, die er nicht akzeptieren konnte. Sein bald danach auftretender Tumor ließ ihn den Zusammenhang zwischen Seelenkonflikt und körperlicher Spiegelung erkennen und so begann sein medialer Weg und seine neue Sicht auf die Medizin. Vier Teilnehmern des Workshops erzählte ich besonders viel über ihren Seelen- und Körperzustand. Alle vier waren Fachärzte unterschiedlicher Disziplinen und alle waren so über die Tatsache verblüfft, dass ich ohne Wissen über sie und ohne Geräte zutreffende Diagnosen stellen konnte, dass sie anschließend zu mir in die Ausbildung kamen.

Von meiner inneren Stimme wurde ich durch die ganze Welt geschickt. Reiste deshalb nach Kolumbien und Peru, um mich mit dortigen Lichtträgern zu treffen und ihnen gewisse Botschaften zu überbringen. Ich wurde aufgefordert, in Israel an heiliger Stätte bestimmte Rituale zu vollziehen, und kam auf dem Weg der inneren Kommunikation in Kontakt mit einem Kreis arabischer und kurdischer Suchender in Aleppo, der schönen alten arabischen Stadt, die so grausam im aktuellen syrischen Krieg in Schutt und Asche gelegt wurde. Wer, außer Papa, spricht mit uns und woher kommen diese Stimmen?

Zuerst einmal: Gott spricht zu jedem. Aber nicht immer in Form der Erfahrung von Stimmen. Seine Kommunikation mit uns war nie auf einige Auserwählte beschränkt und hat bis heute nicht aufgehört. Allerdings erlebt jeder diese innere Zwiesprache anders. Sie kann über das Gefühl laufen, sich in Begegnungen in der Natur zeigen oder über die Berührung durch eine bestimmte Musik geschehen. Da Gott alles ist, was ist, kann er sich auch in jedweder Art und Weise offenbaren. Die Frage ist, ob wir offen sind für die Kommunikationsform, die speziell für uns gedacht ist? Medien sprechen meistens von höheren Wesen als ihren Gesprächspartnern. Sie channeln einen bestimmten Geist, sind sein Werkzeug. Unverkörperte aller Ebenen benutzen gern verkörperte Menschen als ihr Sprachrohr und wollen oft mit ihrer Hilfe weiter am irdischen Spiel teilnehmen. Aber nicht immer ist das gut für uns und häufig nicht der behauptete oder vermutete Gesprächspartner. In diesem Bereich geschieht viel Täuschung, Selbsttäuschung und Manipulation.

Jesus hat einmal empfohlen: „Drum prüfet die Geister!" Nicht ohne Grund. Wenn jemand stirbt, ist er damit nicht automatisch ohne jegliche menschliche Eigenschaften. Der Tod macht uns nicht per se besser. Der Verstorbene nimmt zuerst einmal seine Stärken und Schwächen mit. Und so kann ein überstarkes Ego im Jenseits dem Bedürfnis nachgeben und versucht sein, charakterschwachen verkörperten Menschen oder solchen, die unter Drogen stehen, seinen Willen aufzuzwingen. Das Ergebnis ist dann häufig Besessenheit. Der Betreffende hört Stimmen, die ihn dazu zwingen, mehr oder minder Böses zu tun. Diese Besessenheit kann von schwacher Manipulation bis zur totalen Kontrolle des Betreffenden reichen. Ich habe in den letzten dreißig Jahren immer wieder erlebt, dass Patienten Opfer wurden, weil man ihre Schwächen schamlos ausnutzte. Aus dem Jenseits heraus ist eine menschliche Psyche leichter zu durchschauen, als es hier unten möglich ist. Und so erkennt eine Persönlichkeit aus der Astralebene das starke Wünschen und Streben einer bestimmten verkörperten Person und ihre Chance durch manipulative Eingriffe und energetische Verstärkung dieser Strukturen, sich diesen Menschen gefügig zu machen. Über die scheinbare Wunscherfüllung kann man viele zu Fall bringen.

Darum überlege, was du dir wünschst, es könnte anders in Erfüllung gehen, als du es dir vorgestellt hast.

Der esoterische Bereich der Magie ist häufig das Einfallstor, durch das unerwünschte Einflüsse Macht über uns gewinnen können. Neutral betrachtet steht Magie für die Kräfte der Seelenebene und jeder von uns arbeitet bewusst oder unbewusst damit. Die Seele ist aber dual, kann guten oder schlechten Bedürfnissen nachgeben. Unser Charakter verrät sich dadurch, welchem Seelenpol wir den Vorzug geben. Magie, als Technik zur Offenbarung seelischer Kräfte verstanden, ist oft Diener des betreffenden Egos und wird zur Beherrschung anderer oder zur Erlangung paranormaler Kräfte benutzt. Dort, wo Seelenkräfte altruistisch, am Du orientiert, und in Formen und Ritualen der weißen Magie gekleidet, benutzt werden, können sie sehr heilsam und förderlich sein. Der Schamanismus, die magische Betätigung der unterschiedlichsten Kulturen, setzt das Wissen um diese Hintergründe bewusst ein.

Und so begegnete ich auf meinen Reisen nach Peru auch einem dort bekannten Indianer-Schamanen. 1993 waren meine damalige Frau Ursula und ich eingeladen, an der staatlichen Proklamation von Cusco als spirituellem Zentrum der Anden teilzunehmen. Würdenträger aus Wirtschaft und Politik nahmen daran teil und über 20 Fernsehanstalten übertrugen das Ereignis. Indianer in alten Trachten vollzogen uralte Rituale und der Inka und sein Gefolge wurden wieder durch eingeborene Darsteller ins Leben gerufen. Geleitet wurde die ganze Zeremonie, die mehrere Tausend Zuschauer angelockt hatte, durch diesen bekannten Schamanen aus dem Hochgebirge. Cusco liegt auf 3600 m Höhe und hinter der Stadt beginnt in 4000 m Höhe die zentralperuanische Hochebene, die an ihren Rändern von den

Bergen der Anden, die bis auf 8000 m hinaufragen, umsäumt wird. Dort auf dieser Hochebene, an einigen spirituellen und teilweise geheimen Orten, begegneten wir mehrmals diesem Indianer, der uns intuitiv als von seiner Art erkannt hatte und von da an unsere Nähe suchte. Er stellte uns die Mitglieder einer Schamanengruppe vor, die von ihm, dem Oberschamanen, geleitet wurde. Und so lernten wir Spezialisten der Magie kennen. Da war der Schamane für weiße Magie, der für schwarze Magie, der für Coca-Magie und der für Erd-Magie. Und wir tauchten ein in eine Welt, die selbst der weißen Bevölkerung Perus meistens verschlossen bleibt.

Staatlicherseits geleitet wurde diese Veranstaltung, die begleitet wurde von einem spirituellen Kongress, auf dem meine Frau und ich als einzige Europäer Vorträge hielten, vom Ministerpräsidenten dieses peruanischen Bundesstaates. Am Ende ließ sich der Schirmherr dieses Ereignisses auf Empfehlung eines bekannten peruanischen Schülers hin von meiner Frau energetisch behandeln. Als er sich am Ende beeindruckt herzlich bedankte, wurde uns der große Unterschied zu unserer Heimat deutlich. Welcher deutsche Ministerpräsident könnte sich öffentlich jemals einer solchen Behandlung unterziehen, ohne sofort in den Medien verrissen zu werden? Südamerika ist eine andere Welt und wir begegneten dort Menschen, die ein wesentlich offeneres Weltbild hatten, als wir es von zu Hause her gewohnt waren. Wir konnten dort in aller Öffentlichkeit über spirituelle Themen so selbstverständlich sprechen wie hier über das Wetter. Und so hatten wir bald in Kolumbien und Peru einen engagierten Schülerkreis aufgebaut, der allerdings durch die späteren politischen Ereignisse in diesen Ländern und die Flucht von vielen Mitgliedern ins amerikanische Ausland leider nicht überlebt hat.

Willkommen, Brüder aus dem All ...

... stand auf den Schildern beidseitig der Straße in Peru, die von Cusco nach Urubamba führt, dem heiligen Tal der Inka. Dort, auf der zentralperuanischen Hochebene in 4000 m Höhe, leben hauptsächlich Indios. Meine damalige Frau Ursula und ich waren im Sommer 1993 unterwegs zu einem Kinderdorf, das unsere internationale Heilergruppe finanziell unterstützen wollte. Auf unsere erstaunte Frage hin erklärten uns unsere peruanischen Begleiter, dass man sich in der Bevölkerung seit Jahrhunderten und bereits lange bevor die Spanier kamen von merkwürdigen Objekten erzählte, die aus einigen Seen des Plateaus immer wieder aufsteigen und mit rasender Geschwindigkeit im Himmel verschwinden würden. Die Einheimischen gingen ganz selbstverständlich davon aus, dass sie ständig Besuch von Außerirdischen hatten. Darüber ins Gespräch gekommen, erfuhren wir, dass unsere Begleiter, Nachfahren spanischer Eroberer, inzwischen auch davon überzeugt waren, dass die Menschheit als Ganzes im ständigen Kontakt mit solchen Besuchern sei und dass diese vielleicht den Samen der Menschheit vor langer Zeit auf unseren Planeten gebracht hätten.

Was ist davon zu halten? Nun, ist es nicht ein wenig eingebildet und naiv zu glauben, dass wir Papas einzige Schöpfung im riesigen All sind? Tatsächlich ist doch jede Materie beseelt und wie viel Planeten und Sonnen gibt es im Kosmos. Die Astronomie sucht erdähnliche Planeten im Weltraum und setzt voraus, dass nur dort Leben existieren kann. Dabei gibt es doch schon auf dieser Erde Lebewesen, die den normalen Lebensbereich biologischer Wesen deutlich verlassen, zum Beispiel in der Tiefsee. Wasser ist mehr als tausendmal schwerer als Luft, alle zehn

Meter nimmt der Druck um eine Atmosphäre zu. In der Tiefsee lastet die Wassermasse mit dem Gewicht ganzer Schwertransporter auf dem Boden. Ein Mensch, der am Boden der Tiefsee in mehr als 2000 Meter Tiefe tauchen würde, bekäme trotz Sauerstoffflasche keine Luft – alle Gase würden aus seinem Körper gequetscht. Noch nie ist ein Mensch ohne schützendes Boot tiefer getaucht als 318,25 Meter. Wie weit hinunter aber schaffen es Fische? Ein Fang vor der Küste Neuseelands gebe Antwort, berichten Forscher. Sie hätten einen Scheibenbauch (Pseudoliparis amblystomopsis) aus sieben Kilometer Tiefe gezogen. Am Meeresboden gibt es Leben in unmittelbarer Umgebung sogenannter schwarzer Raucher, kaminartige Hydrothermalquellen, die mit Eisen, anderen Metallen und Schwefelwasserstoff bzw. Metallsulfiden angereichertes, fast hundert Grad heißes Wasser ausstoßen. Überraschenderweise lebt im Umkreis dieser heißen Quellen eine Lebensgemeinschaft mit einer Vielzahl verschiedener Mikroorganismen und Tieren, zum Teil in engster Symbiose.

Forscher vermuten, dass neben Wasser auch Bakterien und anderes Leben, auf Kometen und Asteroiden reisend, durch das lebensfeindliche leere All den Weg zu uns gefunden haben. Tausende von Menschen hatten UFO-Sichtungen und nicht wenige von ihnen behaupten, von Außerirdischen gefangen genommen und gegen ihren Willen untersucht worden zu sein. Auch Nicht-Esoteriker behaupten, dass es zurzeit Aliens auf Erden gibt. Ein Video geht um die Welt. Es zeigt den Raumfahrt-Ingenieur Boyd Bushman. Er behauptet: Die Gerüchte über die Area 51 stimmen alle. Dann zeigt er unglaubliche Bilder, die beweisen sollen, dass Aliens dort für die USA arbeiten. Wir erinnern uns an Lockwell und den vertuschten Absturz eines Raumschiffs. In dem Video jedenfalls behauptet Bushman, dass er auch in geheimer Mission für das US-Militär tätig gewesen sei. Er sei damit beauftragt worden, ein abgestürztes Ufo zu reparieren. Auch zeigte Bushman in dem rund 33-minütigen Video Bilder von Aliens in die Kamera. Diese würden in der sagenumwobenen Area 51 arbeiten und wären an vielen Erfindungen in der Raumfahrt der Menschen beteiligt gewesen. Die Aliens würden von einem Planeten namens Quintumnia kommen, erzählt Bushman weiter. Ihre Ufos seien klassische Untertassen mit einem Durchmesser von ca. 12 Metern, die Aliens seien bis zu 1,5 Meter groß und hätten telepathische Fähigkeiten. Manche von ihnen seien über 230 Jahre alt, führte er in dem YouTube-Video aus. Auch sei die Arbeit des US-Militärs an Ufos höchst gefährlich. Bereits 39 Amerikaner hätten in der Area 51 beim Bau der Ufos ihr Leben verloren.[2]*

Tatsache ist doch eigentlich, dass es auf Erden nur Aliens gibt! Jeder Mensch, jede Seele kommt aus anderen Sphären und Ebenen der Existenz. Wir sind alle Zeit- und Raumreisende, nur unser physischer Körper ist eine Leihgabe von Mutter Erde, gehört hierher. In Rückführungen haben sich schon viele an Leben auf anderen Planeten erinnert und davon berichtet. In meinem Roman „Der Sonnenpriester", der rein aus der Erinnerung heraus geschrieben wurde und eigentlich ein Tatsachenbericht ist, erzähle ich von einem meiner Leben in einem Doppelsternsystem. In den Science-Fiction-Filmen der letzten Jahrzehnte, z.B. in der Star-Wars-Serie, tauchen die merkwürdigsten intelligenten Lebewesen auf, die Körper besitzen, die ganz anderen biologischen Systemen entstammen, wie die der Reptilien, Insekten oder Amphibien. Ich bin mir sicher, dies

---

2   Quelle: https://www.welt.de/vermischtes/article160309108/Aliens-arbeiten-fuer- die-USA-in-der-Area-51.html

sind alles Schöpfungen aus dem Unterbewusstsein, dass wir innerlich Kenntnis von solchen Lebensformen haben und auch wissen, dass wir in Gottes großer Schöpfung nicht allein sind.

Letztlich, was sind denn Engel und Geistführer? Ganz bestimmt keine Erdenbewohner, aber häufig unsere Gäste. Viele Außerirdische, aus den unterschiedlichsten Räumen des Alls kommend, beobachten uns nur, vermeiden aber den direkten Kontakt. Sie verhalten sich wie Primaten-Forscher, die eine Affengattung, ihre Rahmenbedingungen und ihr Verhalten studieren, aber nicht beeinflussen wollen. Machen wir uns doch einmal bewusst, dass Raumreisen eine hohe Technologie voraussetzen. Das heißt, dass diese Außerirdischen uns in ihrer Entwicklung wahrscheinlich mehrheitlich weit voraus sind. Und es stellt sich ernstlich die Frage, ob ein direkter Kontakt, ja nur ein von aller Welt beobachtetes, nicht mehr zu bezweifelndes Erscheinen von Aliens und ihren Raumschiffen für die menschliche Entwicklung gut wäre. Was wurde aus den Kulturen Mittel- und Südamerikas, als die Spanier auftauchten und wegen ihres Aussehens von den Eingeborenen für höhere Wesen gehalten wurden? Ist mit einer höheren technologischen Entwicklung auch zwingend eine entsprechende Ethik und Moral verbunden? Was haben wir tatsächlich von so einem Besuch zu erwarten? Tatsächlich Kooperation oder auch die Gefahr der Unterjochung und des Untergangs?

Der Tod und was danach kommt ...

Dem Leben folgt unausweichlich der Tod. Dieses Thema ist aber so Angst besetzt, dass sich die wenigsten Menschen rechtzeitig damit auseinandersetzen. Dabei ist nichts so sicher wie der Tod, es kommt kein Mensch letztlich an dieser ihn so prägenden Erfahrung vorbei. Religionen haben sich seit Anbeginn der Menschheit darum bemüht, Licht ins Dunkel zu bringen. Dabei haben sie Erfahrungen so missverstanden und daraus teilweise so falsche Lehren verkündet, dass es den meisten Menschen allein bei dem Gedanken an ihren Abgang angst und bange wird. Betrachten wir also einmal dieses Thema von der sachlichen Ebene. „Sachlich" heißt in diesem Fall, dass ich aus eigener innerer Schau und der Bestätigung durch uralte esoterische Lehren berichte und versuche, die Fehlinterpretationen, die im Religiösen kursieren, auf ihre Entstehung hin zu erklären.

Wir haben zwei Gruppierungen im Hinblick auf einen Glauben an ein ewiges Leben. Die eine Gruppe glaubt, dass nach dem Tod nur das Nichts folgt, alles für immer vorbei ist, es kein wie immer geartetes Weiterleben gibt. Die Gruppe, die an ein Weiterleben glaubt, hat darüber die unterschiedlichsten Vorstellungen. Vom Glauben daran, als Tier wiedergeboren zu werden, bis hin zu komplexen Himmel- und Hölle-Vorstellungen. Letztlich steckt in allem ein Körnchen Wahrheit. Also betrachten wir uns zuerst einmal die generellen und auch dieses Thema steuernden Gesetze und Regeln.

In der Dualität der Schöpfung gibt es ein Oben und ein Unten, ein Rechts und ein Links, ein Hier und ein Dort, 0 und 1 im binären Zahlensystem, ein Sein und ein Nicht-Sein. Dieses

Nicht-Sein darf aber nicht missverstanden werden. In Gottes Schöpfung gibt es keine Nicht-Existenz. Ich kann zu Hause sein oder nicht da sein, trotzdem existiere ich in jedem Fall und bin einfach woanders. Dieses Sein/Nicht- Sein ist also immer Aussage aus einem bestimmten Betrachtungspunkt heraus, ist aber nicht absolut zu verstehen. Und zu jedem Punkt in der Schöpfung kann ich eine gegensätzliche Position einnehmen. Himmel und Hölle sind somit keine Orte im Raum, sondern polare Zustände des gleichen Seins.

Ein weiteres Gesetz sagt, dass wir, wie Papa und als seine Kinder, gleichfalls Schöpfer sind – ob uns das bewusst ist oder nicht. Dass unser Denken und Fühlen Gestalt annimmt, Wirklichkeit erschafft. Der Glaube über die Dinge ruft sie erst ins Dasein. In der Quantenphysik entdeckte man, dass der Betrachter mit seiner Erwartungshaltung Einfluss darauf nimmt, wie sich das beobachtete Objekt zeigt. In der esoterischen Philosophie sprechen wir vom Trinitätsprinzip, das die Dreiheit Gottes erklärt und sich u.a. in dem alten esoterischen Lehrsatz, „der Beobachter, das Objekt der Beobachtung und der Vorgang der Beobachtung sind eins", offenbart. Übertragen auf unsere religiösen Vorstellungen und das, was uns nach dem Tod erwartet, heißt das, dass unsere bewussten wie unbewussten Gedanken, Gefühle und Überzeugungen erschaffen, was uns im Jenseits als scheinbar reale Umgebung und Rahmenbedingungen begegnet. Daraus folgt, es existieren so viele Himmel und Höllen und ihre jeweiligen Ausformungen, wie es Menschen und ihre jeweiligen Glaubensvorstellungen auf Erden gibt. Jeder erlebt im Jenseits zuerst einmal das, was er gelehrt wurde, übernommen hat und nun subjektiv glaubt. Zumindest gilt das für die Mehrzahl der Menschen, die nach ihrem Tod auf einer Zwischenebene ankommen, wo es um die Rückbetrachtung und objektive Bewertung des vergangenen Lebens im Lichte des eigenen göttlichen Höheren Selbst geht. Ein Vorgang, den die monotheistischen Religionen gern als „das Gericht" missverstehen. Noch einmal: für Gott und damit auch für unser Höheres Selbst geht es weder um Gut noch Böse und somit weder um Belohnung noch um Bestrafung, sondern nur um Erfahrung und die daraus gewonnene Erkenntnis. Wir leben in einem Rückkopplungs- und Feedbacksystem, erleben Aktion und Reaktion. Wir lernen und werden uns der Qualität unseres Tuns bewusst, indem wir die Konsequenz aus unserem Handeln erfahren, was dann leider häufig fälschlicherweise als Bestrafung interpretiert wird.

Einen solchen Fall erlebte ich vor vielen Jahren. Ich erhielt eines Tages den Anruf einer Winzerin aus Freiburg, die über eine meiner Schülerinnen von mir gehört hatte und mich nun um Hilfe bat. Etwas mehr als ein Jahr zuvor hatte sich ihr Mann aus Verzweiflung darüber, dass er das von ihm geleitete Weingut an den Rand des Ruins gewirtschaftet hatte, selbst getötet. Kaum war er beerdigt, begann für die Familie ein schreckliches Martyrium. Überall, wo sich die Frau in ihrer Wohnung aufhielt, ereigneten sich paranormale Phänomene: das Licht ging an und aus, Geräte sprangen an, Türen öffneten und schlossen sich wie von Geisterhand und die Witwe nahm eine unsichtbare Präsenz wahr. Schlimmer war es für die Kinder. Sie sahen und hörten eine schemenhafte Gestalt, die sie als ihren verstorbenen Vater erkannten. Die Folge war blanke Panik. Keines der Kinder wollte mehr bei Dunkelheit allein in seinem Zimmer sein. Die damals 16-jährige Tochter und der neunjährige Sohn schliefen nur noch bei Licht im Doppelbett ihrer Mutter, die oft nachts erlebte, dass die Kinder im Schlaf schrien und hyperventilierten, so dass sie sie wecken musste. Dies ging nun schon viele Monate so und alle Familienmitglieder waren mit ihrer Kraft am Ende. Das paranormale Institut in Freiburg, der zu Hilfe gerufene Priester, die befreundete Reiki-Meisterin – niemand war in der Lage, die Erscheinungen zu beenden. Also machte ich mich am Abend des gleichen Tages im Rahmen einer meditativen Versenkung innerlich auf die Suche nach der Seele des Verstorbenen.

Ich fand den Selbstmörder in meiner inneren Schau einsam und allein auf einer grauen Schotterebene. Es gab weder eine erkennbare Lichtquelle noch Farben, weder Pflanzen noch Tiere, nur eine endlose Steinwüste. Als ich mich dem Verstorbenen in meinem weißen Seelenkleid langsam näherte, schrak er zuerst ängstlich zurück. Doch bald begann er auf meine beruhigenden gedanklichen Impulse hin Vertrauen zu fassen und mir telepathisch seine Geschichte zu erzählen, die beispielhaft für das bisher Gesagte war. Als ungläubiger Mensch und krasser Materialist und Egoist hatte er nach seinem Scheitern in der Materie keinen Sinn und keine Perspektive in seinem Leben mehr gesehen. Er glaubte, wenn er sich umbringt, sei für ihn alles vorbei. Dieser in ihm existierende Glaube an das Nichts nach seinem Tod spiegelte sich nun im Jenseits in der Qualität seines Aufenthaltsorts, den sein Unterbewusstsein gesetzmäßig selbst erschuf. Entsprechend gab es nichts in seiner Umgebung. Da er keinerlei innere Vorstellung von einem Jenseits hatte, gab es dort im Außen auch zuerst einmal nichts. Nun erinnerte sich der Verstorbene daran, dass der Priester bei seiner Kommunion gesagt hatte, dass Selbstmörder in die Hölle kämen. Und ganz offensichtlich war das so. Er konnte sich keinen schlimmeren Aufenthaltsort vorstellen als diesen, und wünschte sich geradezu Dämonen, die ihn quälten, damit er nicht so schrecklich allein sei. Auf dieser Ebene hat man noch die Möglichkeit zurückzuschauen und so erkannte er, was er mit seiner Tat seiner Familie angetan hatte, und es erfasset ihn ein großes Schuldgefühl. „Mea culpa, mea maxima culpa". Dieser Satz der religiösen Ausbildung in seiner Kindheit kam ihm in Erinnerung und der große innere Druck dieser Schuld motivierte und veranlasste ihn, schließlich vor Ort seine Opfer um Verzeihung zu bitten. Und so erschien er den anderen Familienmitgliedern.

Diese reagierten darauf allerdings ganz anders als erhofft, wehrten ihn ab, flüchteten und ängstigten sich vor ihm. Und so konnte er keine Vergebung und damit seelische Entlastung erlangen. Der Druck in ihm stieg, er erschien daher immer öfter bis zu dem Punkt im Prozess, wo ich durch den Hilferuf der Ehefrau ins Spiel kam. Ich begann dem Unglücklichen die Zusammenhänge zu erklären, dass nur er der Urheber all seiner Erfahrungen im Jenseits sei, und wie diese zustande gekommen waren. In dem Maße, wie er verstand und die Verantwortung für seine Tat und ihre Folgen übernahm, wurde es hell um ihn. Seine beginnende Bewusstseinserweiterung spiegelte sich in seiner Umgebung durch mehr Licht, ein Synonym für Bewusstheit. Zum ersten Mal nahm er jetzt seinen Schutzengel wahr, der die ganze Zeit geduldig gewartet und den seine ungläubige Seele bis jetzt ausgeblendet hatte. Auf meine Frage hin war er bereit, an der Hand dieses Begleiters dorthin zu gehen, wo gesetzmäßig seine Entwicklung weitergehen sollte. Und so entschwebten die beiden durch den seit der mittelalterlichen Malerei bekannten spiralförmigen Tunnel in seine neue Heimat. Die moderne Astrophysik nennt diese Tunnel „Wurmlöcher" und vermutet sie als Verbindungskanäle zu anderen Universen, die jeweils durch das Kollabieren einer Sonne, eine Supernova und den dadurch erfolgten Durchbruch des Raum-Zeit-Gefüges entstanden seien. Ab diesem Moment blieben alle Erscheinungen des Vaters in seiner Familie und die ihn begleitenden paranormalen

Phänomene aus und kamen nie wieder. Vierzehn Tage später erhielt ich von der Ehefrau eine Kiste Wein als Honorar. Ich habe sie nie persönlich kennengelernt.

In den entsprechenden Foren des Internets kann man von vielen Jenseitserfahrungen im Rahmen von Nahtoderfahrungen oder durch mediale Botschaften erfahren. Bei allen Unterschieden belegen sie doch eins: es geht nach dem Tod weiter! Der Tod ist nur ein Wechsel in der Aufenthaltsebene, verbunden mit einem Fahrzeugwechsel. Wie beim Autofahren wechselt der Fahrer, das Ich, das Fahrzeug, das anschließend in seine Bestandteile zerlegt und recycelt wird. Und so kehrt unser physischer Körper durch seine Verwesung zu Mutter Erde zurück. Seine Elemente werden von Pflanzen aufgenommen, die wiederum von Tieren gefressen werden, die anschließend auf dem Teller von Menschen landen. Für viele eine obskure Vorstellung und doch wahr. Alle Atome unseres Körpers sind ursprünglich vor Milliarden Jahren in einem Sonnenkörper entstanden, wurden nach ihrem Tod ins All entlassen, kühlten ab, verdichteten sich zu Materiewolken und bildeten schließlich die vielen Planeten unseres Kosmos. Mutter Erde, unser Heimatplanet, hat uns plangemäß die Bausteine zum Aufbau unserer Körper in Form der notwendigen Elemente zur Verfügung gestellt, die wir durch unser Essen zu uns nehmen und nach unserem Tod wieder an sie zurückgeben. Ein ewiger Kreislauf. Tod ist nicht das Ende, sondern nur Formenwechsel. So wie sich der Autofahrer nach der Verschrottung des alten ein neues Auto kauft, um seine alte oder neue Sphären weiter zu erkunden, erschafft sich die Seele einen neuen Körper.

All das erfuhr ich bereits 1984 im Rahmen einer Rückführungstherapie im Institut von Thorwald Detlefsen in München. Ich erlebte viele Tode und dass es danach immer weiter ging. Ich war einfach nicht tot zu kriegen. Mal war ich glühende Lava, mal Baum, mal Grizzly, mal Frau, mal Mann, mal König, mal Hure. Und immer am Leben. Auch auf anderen Planeten und in anderen Sonnensystemen. Mein Roman „Der Sonnenpriester" berichtet von einer solchen Existenz, die mir in den Jahren danach wieder in Erinnerung kam. Durch meine Erfahrungen im Rahmen dieser Therapie erkannte und verstand ich den Weg der Evolution. Wir wandern als Seele durch alle Naturreiche, um dadurch uns und die in uns schlummernden Potentiale selbst zu erkennen und zur Entfaltung bringen zu können.

Dem Tod folgt also immer neues Leben. Viele Menschen glauben nun an ein Evolutionskonzept, das mit der Unwissenheit beginnt und mit der Vollkommenheit endet. Tatsächlich folgt eine Seele einer Logik. Erstmals aus dem Licht kommend ist sie noch ohne echte Erfahrungen bezüglich der unteren Schöpfungsebenen. Licht- und Engelwesen können zwar unsere Sphäre einsehen, das heißt aber noch nicht, dass sie dadurch auch Erfahrungen gesammelt haben. Ich kann in einem Kochbuch ein tolles Gericht abgebildet und geschildert sehen, so dass mir das Wasser im Mund zusammenläuft. Aber erst das Gericht zu kochen und zu essen, bringt mir die gewünschte Erfahrung. Und so entscheiden sich Wesen aus dem Lichtreich, sich nach unten auf den Weg zu machen, denn sie wollen wissen, wie es ist, wie es sich anfühlt, was sie nur aus der Betrachtung kennen. In der dualen Schöpfung erleben wir nun einen Entwicklungsweg vom Einfachen zum Komplexen, vom Kind zum Erwachsenen, in der das eine auf dem anderen fußt. Und so beginnt eine Seele, die ihre Erfahrungen auf der Erde machen will, nicht gleich mit dem komplizierten Menschenreich. Gemäß der Entwicklungshierarchie beginnt sie mit der untersten physischen Ebene, dem Mineralreich.

So erlebte ich mich in meiner eigenen Reinkarnationsthera-pie als Teil eines Bergbewusstseins, als sprudelnde Quelle und als rotglühende Lava und hatte dabei deutliche Körperemp-findungen. Wenn alles, was uns das Mineralreich nach vielen Inkarnationen dort lehren kann, in unserer Seele integriert ist, gehen wir, wie in einer Schule, in die nächste Klasse über, das Pflanzenreich. Meine stärkste Erfahrung in diesem Reich war in der Rückerinnerung ein mächtiger alter Baum. Ich spürte den Fluss der Säfte in ihm und wie es sich anfühlt, einen solchen Pflanzenkörper zu haben. Nach vielen Inkarnationen im Pflan-zenreich folgt die nächste Klasse, das Tierreich. Dort erlebte ich mich beispielsweise als Hai im Meer und als Grizzly, der einem gefangen Reh die Kehle durchbiss und spürte, wie befriedigend dieses Gefühl für den Bär war und nicht, wie ein Mensch, der solch eine Szene beobachtet, empfinden und urteilen würde. Generell gesagt, ist die Wahl der Tierleben schon in einem bestimmten Umfang eine Vorentscheidung über die Struktur und das Wesen der sich später bildenden menschlichen Persön-lichkeit. Wählt mein Bewusstsein mehrheitlich Erfahrungen in der Raubtierklasse, so bin ich am Ende als Mensch ein anderer Seelentyp, als wenn ich mich mehrheitlich in der Fluchttier-klasse erfahren hätte. Was ich wähle, prägt mich. Und so ist der leitende Manager einer Firma eher durch die Raubtierklasse und ein Sozialarbeiter mehr durch die Fluchttierklasse gewan-dert. Bei jungen Seelen, die noch nicht oft verkörpert waren als Mensch, kann man an der Physiognomie, Mimik und Körper-haltung oft noch die Tierstufe erkennen, die sie prägend durch-laufen haben. Und auch das Sich-hingezogen-Fühlen zu einer bestimmten Tiergattung oder Rasse kann ein solches Indiz sein.

Was dem physischen Tod folgt, kann also sehr unterschiedlich sein. Letztlich entscheide ich mit meiner Bewusstseins- und damit

Schwingungsqualität am Ende meines Lebens darüber, auf welcher Ebene der Existenz das Sammeln von Erfahrungen für mich weitergeht. Und so erinnern sich bereits Patienten mit Nahtoderfahrungen genauso an himmlische Sphären und die Begegnung mit Engeln und lieben Verstorbenen, wie andere an höllische Erfahrungen und die Begegnung mit Teufeln und Dämonen. Was ich erfahre, spiegelt mich. Tatsächlich wählt eine Seele nicht zwingend nur Verkörperungen auf Erden. Eine Schülerin von mir hat mich beispielsweise in ihrer Rückführung als ihren Lehrer auf der Mentalsphäre des Mars erlebt. Sie schilderte detailliert die Umgebung, die ganz andere Pflanzen- und Tierwelt dieses Planeten und wie die menschenähnlichen Bewohner dort wohnten und lebten. Zurückkommend aus der Therapie, war sie total verblüfft über ihre blühende Fantasie. Sie konnte einfach nicht glauben, dass das, was sie innerlich gesehen hatte, der Realität entsprach. Schließlich wusste sie doch als Lehrerin, dass der Mars tot und unbelebt ist. Wortlos ging ich zu meinem Bücherschrank und holte ein Buch von Jakob Lorber heraus mit dem Titel „Die natürliche Sonne". Jakob Lorber aus Graz, der Schreibknecht Gottes, war im 19 Jahrhundert eines der renommiertesten und seriösesten Schreibmedien und hatte in kürzester Zeit vom göttlichen Geist über 50 Bücher diktiert bekommen in einer Qualität, wie sie heutigen Medien selten zu eigen ist. In diesem Buch werden die Planeten und die Sonne unseres Systems als Schulungsstätten des menschlichen Geistes beschrieben und detailliert über die Rahmenbedingungen der dort lebenden Menschen berichtet. Ich schlug das Kapitel „Mentalsphäre des Mars" auf und zu ihrer vollkommenen Überraschung fand sie dort genau die Beschreibungen wieder, die sie in ihrer Rückschau so plastisch erlebt hatte.

Was ich also im Jenseits nach meinem Tod erfahre, hängt allein von dem ab, wer ich bin. Und so erfährt sich eine Seele, die sich als Mensch aufopfernd um andere bemüht hat, nach ihrem Ableben in himmlischen Sphären, genießt die Präsenz und das Licht des Göttlichen, während ein brutaler Mörder und Schlächter in höllischen Sphären leidvoll das erfahren muss, was er gedanken- und rücksichtslos anderen zugefügt hat. Wir ernten im Jenseits das, was wir im Diesseits gesät haben. Deshalb macht es sehr wohl Sinn, sich bereits auf Erden intensiv um sein Seelenheil zu kümmern, sich Rechenschaft über sein Tun und Lassen abzulegen und sich darum zu bemühen, ein guter Mensch zu sein. Mag sein, dass das für viele etwas naiv und religiös klingt. Aber es ist meine Erkenntnis und Erfahrung aus vielen Leben. Wenn ich also diese Welt verlasse, gehe ich in der Erwartung und im Bewusstsein, dass nicht irgendeine übergeordnete Instanz über mich entscheidet und mir das Kommende vorschreibt, sondern meine Gesamtpersönlichkeit in Kenntnis dessen, woran es uns bewusstseinsmäßig noch mangelt, unseren weiteren Weg durch die Schöpfung plant, realisiert und überwacht. Ein weiteres neues Ich, geboren aus meinem Wesen, wird Träger neuer, berauschender Erfahrungen sein, während mein aktuelles Ich vielleicht Urlaub auf lichten Höhen macht oder endgültig heimkehrt ins Vaterhaus. Möglicherweise plant mein Höheres Selbst schon neue Jobs für mich und alles wird anders sein, als ich es mir in meinen kühnsten Träumen vorgestellt habe. Der Mensch denkt, Gott lenkt! Deshalb ist meine Einstellung: Herr, Dein Wille geschehe. Damit bin ich bis jetzt am besten gefahren. Ich lass mich einfach überraschen!

Die Sache mit dem Sex oder warum böse Mädchen auch in den Himmel kommen

Die schönsten und intensivsten Erfahrungen mit unserem Körper und für unsere Seele machen wir beim Sex. Gleichzeitig ist für viele Menschen genau dieser Bereich Bühne der schlimmsten und leidvollsten Dramen, die menschliches Bewusstsein sich ausdenken kann. Ich hatte mir in jungen Jahren – wie die meisten von uns – nicht viele Gedanken um dieses Thema gemacht. Mein Körper funktionierte, ich fand viel Befriedigung darin, mit einer liebevollen Partnerin lustvoll zu schlafen, und hatte eigentlich nur positive Erlebnisse mit dem anderen Geschlecht. Umso entsetzter war ich, als ich als neugebackener Heiler und Therapeut immer häufiger mit den schrecklichen Erfahrungen anderer auf diesem Gebiet konfrontiert wurde. Was eigentlich unbändige Freude und Befriedigung bringen sollte, war in ihren Erinnerungen Quelle ständiger Qual und Erniedrigung.

Insbesondere vielen meiner weiblichen Patienten war die Freude am eigenen Körper, das natürlichste und schönste Geschenk Gottes an seine Kinder, hauptsächlich durch fatale religiöse Dogmen ausgetrieben worden. Sie konnten weder sich noch ihren Körper lieben. War doch die körperliche Liebe Sünde und ihr Körper unrein. Wen wundert es da noch, dass viele Frauen sich mit Problemen der Unterleibsorgane rumschlagen, spiegelt dieser Bereich doch das Weibliche im Menschen, verbindet uns das Basis-Chakra mit Mutter Erde. Das wahrlich Tragische daran ist, dass es wiederum mehrheitlich die Frauen selbst in Gestalt ihrer Rolle als Mutter sind, die ihren Töchtern das angetan haben. Alte religiöse Sichtweisen haben bis heute überlebt und werden unkritisch von Großmüttern an ihre Töchter und Enkeltöchter weitergegeben. Denken wir nur an die bis heute noch praktizierten Beschneidungen von Mädchen in östlichen Kulturen durch speziell dafür ausgebildete Frauen. Eine Verdammung der freien Liebe, eine Missachtung des Körpers als Bühne für unsere schönsten Erfahrungen durch das Verschmelzen und Einswerden mit einem anderen geliebten Menschen ist wahrlich eine große Sünde! Schon in der Bibel (2. Mose 20,5) heißt es, die „Sünden der Väter" würden gerächt „an den Kindern, bis ins dritte und vierte Glied ...". Das gilt auch für die Mütter. Modern ausgedrückt sagt diese Ankündigung: Psychoprogramme sind generationsübergreifend! Und so finde ich die Glaubensdogmen der Großväter und -mütter in ihren Töchtern und Enkelinnen.

Der sexuelle Missbrauch ist in dieser Zeit ein immer häufiger aufgedeckter Akt der Lieblosigkeit und des Egoismus. Wenn selbst in der katholischen Kirche bis in die höchsten Ränge des Vatikans Pädophilie und Homosexualität sehr häufig praktiziert wird, gleichzeitig dieses Verhalten von den gleichen Priestern in den Lehren und Predigten verdammt und mit Höllenstrafen bedroht wird, ist das die schlimmste Form der Bigotterie. Es ähnelt sehr einer schizophrenen Persönlichkeitsspaltung. Man predigt Wasser und säuft Wein. Wo bleibt da noch die Vorbildfunktion und Glaubwürdigkeit dieser Institution? Kein Wunder, dass in unserem Land so viele dieser Religion den Rücken kehren. Noch schlimmer finde ich allerdings den familiären Missbrauch. Was diesbezüglich unter deutschen Dächern so alles geschieht, konnte ich anfänglich fast nicht glauben. Man kann sich vorstellen, was für eine Angst beladene und seelisch zerstörerische Atmosphäre dort herrscht, wo Täter und Opfer unter einem Dach leben müssen. Ich hatte in den letzten

Jahrzehnten viele solcher Fälle. Wie gehe ich als Heiler mit solchen Patienten um, wie kann ich ihnen in ihrer Not helfen?

Zuerst war es nötig, mich von allen persönlichen Emotionen frei zu machen und eine rationale Einstellung einzunehmen. Mitleid war das letzte, was die betreffenden Personen in dieser Situation brauchten. Also machte ich mir bewusst, dass in der Dualität jede Medaille zwei Seiten hat, was, ob es mir gefällt oder nicht, zum Opfer der Täter gehört. Erlösung heißt, dass beide Pole eines Prinzips zuerst in uns erkannt und ins Gleichgewicht gebracht werden müssen. Im zweiten Schritt müssen Täter und Opfer, als Ausdruck der übergeordneten Pole Macht und Ohnmacht, in uns zur Einheit verschmelzen. Für viele Menschen ist dies eine abstoßende oder erschreckende Vorstellung. Deshalb will ich das Gesagte an einem Beispiel aus meiner Praxis verdeutlichen.

Anna W. kam als Schülerin zu mir. Im Rahmen des mehrstündigen Vorgesprächs zur Initiation kommen auch alle Krankheiten und sonstigen Schicksalsschläge zur Sprache. Und so erfuhr ich, dass Anna im Alter von vierzehn Jahren von ihrem Stiefvater als Geliebte genommen worden war. Bereits als Jugendliche war Anna seelisch und körperlich früh entwickelt, empfand anfänglich viel Lust und Freude im Zusammensein mit ihrem Stiefvater und fühlte sich sehr geschmeichelt, dass der bewunderte Erwachsene sie so leidenschaftlich begehrte. Sie unterdrückte ihre Schuldgefühle gegenüber ihrer Mutter, von der sie später glaubte, dass sie das Verhältnis zwischen ihrem Mann und ihrer Tochter sehr wohl bemerkt, aber aus Angst vor dem Verlust des Partners die Augen verschlossen hatte. Bald musste Anna feststellen, dass der erwachsene Mann nur Interesse an ihrem Körper, nicht aber an ihrer Person hatte. Und sie beobachtete und musste zwangsläufig nachts hören, dass die sexuelle Beziehung der Eltern trotz ihres Liebesverhältnisses mit dem Vater keineswegs ein Ende gefunden hatte. Das machte Anna zunehmend aggressiv und eifersüchtig. Die Situation eskalierte und endete damit, dass die Ehe der Eltern bald darauf zerbrach und der Stiefvater die Familie verlassen musste.

Von nun an war das Leben von Anna von dem gekennzeichnet, was man die Projektion der Schuld nennt. „Du bist schuld am Elend meines Lebens." Allerdings hinderte sie diese letztlich leidvolle Erfahrung später nicht daran, in ihrer durchaus glücklichen Ehe eine befriedigende Sexualität leben und zwei Kinder bekommen zu können. Aber sie vergaß nie diese ihre Jugend überschattenden Erfahrungen und litt unter der zerstörten Beziehung zu ihrer Mutter, die ihr bis zu ihrem Tod die Schuld am Ehebruch ihres Mannes und dem Auseinanderbrechen der Familie gab. Und so kam Anna eines Tages in meine Praxis, um im Rahmen einer Rückführung die Hintergründe für ihr Schicksal in Erfahrung zu bringen. Sie hatte im Rahmen ihrer Ausbildung zur Heilerin erfahren, dass wir als duale Wesen immer beides in uns tragen, den Täter und das Opfer, und wollte nun die andere Seite ihrer Persönlichkeit kennenlernen, um endlich ins Gleichgewicht zu kommen. „Ich habe jetzt viele Jahre in meiner Opferhaltung gebadet, jetzt will ich meinen Täter kennenlernen", waren ihre Worte zu Beginn der Reinkarnationstherapie.

In der Rückführungstherapie arbeite ich mit dem Geistführer des betreffenden Patienten als Co-Therapeut. Zuerst suggeriere ich einen Weg durch den Körper, bringe dann den Patienten mit seinem inneren Begleiter in Kontakt und beide gehen in der Vorstellung des Patienten gemeinsam durch das Tor von

Zeit und Raum. Nun beginnen in der Regel Bilder und die dazugehörigen intensiven Gefühle im Patienten aufzusteigen. Und so erfuhr sich Anna in der Rückerinnerung als Mann im nachchristlichen Rom, der einige Sklavinnen besaß, die er rücksichtslos sexuell ausbeutete und benutzte. Die Erinnerungen an diese Mann-Rolle und seine sexuellen Aktivitäten erregten die heutige Patientin so sehr, dass sie in der Trance auf meiner Liege fast einen Orgasmus bekam. Zurückgekehrt aus der Trance war Anna – nun wieder in ihrem weiblichen Pol – zutiefst darüber entsetzt, dass sie ihre egoistischen und rücksichtslosen Aktivitäten als Mann auch in ihrem heutigen Körper so sexuell stimulierend empfinden konnte. Was hatte sie erlebt? Das Gesetz. Wir sind immer beides. Mann und Frau. Opfer und Täter. Und sie erinnerte sich, dass sie in der Rückschau eines ihrer begehrtesten Sklavinnen-Opfer als ihren heutigen Stiefvater erkannt und gefühlt hatte. Beide hatten das Geschlecht gewechselt. Damals war sie der Täter und ihr Stiefvater als Sklavin das Opfer. Gesetzmäßig erfolgt die Umkehr im Prinzip. Und so wurde aus dem damaligen Täter das heutige Opfer und aus dem damaligen Opfer der heutige Täter. So war das seelische Gleichgewicht wiederhergestellt.

Im jeweiligen Leben wissen wir normalerweise nichts über die Vergangenheit und damit das, was unser heutiges Leben begründet. Das ist auch gut so! Denn hätten wir die volle Rückerinnerung, wäre es nicht möglich, den Ausgleich zu schaffen. Das Wissen um die Zusammenhänge ließe es nicht zu, dass im Folgeleben durch das Erleben des Gegenpols die notwendige Betroffenheit entsteht, die zum Wandel und Ausgleich zwingend notwendig ist. Unser aktuelles Ego würde versuchen, all dem aus dem Weg zu gehen und zu flüchten. Denn wer schaut sich schon gern seinen Schatten an?! Wer gibt schon gern zu, dass er auch rücksichtslos und egoistisch ist, dass das liebe Mädchen auch sehr böse sein kann! Und doch kommt es am Ende in den Himmel. Wieso? Weil übergeordnet das alles so gewollt ist. Erinnern wir uns: Im Seelenplan, der unser Schicksal festschreibt, wählen wir Prinzipien wie z.B. Durchsetzung. Dieses ist hier unten gespalten in Macht und Ohnmacht. Am Ende muss jede Seite in uns gleich stark sein, damit der Ausgleich erfolgt als zwingende Voraussetzung für die im letzten Schritt notwendige Verschmelzung zur Einheit. Aus eins wurden zwei, aus zwei müssen wieder eins werden. Und so kommt auch das „böseste Mädchen" am Ende nicht nur überall hin, sondern gesetzmäßig wieder zurück in den Himmel!

Selbstliebe oder wie das Ich laufen lernte

Heute, an einem Sonntag Ende August, waren Maria, meine Traumfrau und geliebte Begleiterin meiner späten Jahre, und ich zum Mittagessen in einem bekannten Gartenrestaurant. Es war spätsommerlich warmes Wetter und wir saßen gemütlich in einer üppigen, wild wachsenden Natur, wohlbehütet von einem großen Sonnenschirm. Alle Nachbartische waren insbesondere mit jungen Familien und ihren meistens kleinen Kindern besetzt. Uns gegenüber saß ein junges Paar mit zwei Töchtern. Die kleinere von beiden war gerade vierzehn Monate alt und durch ihre herzige Art der Star des Gartens. Kontaktfreudig dribbelt sie auf ihren winzigen Füßchen von Tisch zu Tisch und amüsierte alle Gäste. Sie flirtete ungeniert mit den anwesenden Männern und brachte die Herzen der Frauen zum Schmelzen und erinnerte Maria sehr an ihre eigene frühe Kindheit. Ein Gesicht wie eine kleine Porzellanpuppe, hellblonde Haare zu einem kurzen Pferdeschwänzchen hochgebunden, blaue hellwache Augen und eine außergewöhnlich lebhafte Mimik sicherten ihr die ununterbrochene Aufmerksamkeit ihrer Umgebung. Sie war einfach entzückend. Man zeigte es ihr unverhohlen und sie genoss schon in vollen Zügen und in aller Unschuld die Bewunderung ihrer Umgebung. Die Kleine demonstrierte kokett ein noch ungebrochenes Selbstvertrauen und legte eine solche unbeirrte weibliche Selbstsicherheit an den Tag, für die sie, davon bin ich überzeugt, von einigen der anwesenden Damen bestimmt heftig beneidet wurde. Denn viele Frauen verlieren leider im Älterwerden durch die gemachten schlechten Lebenserfahrungen dieses eigentlich selbstverständliche, bei dem kleinen Mädchen noch ungebrochene, Selbstwertgefühl.

Mangelnde Selbstliebe ist natürlich auch bei vielen Männern ein Thema, zeigt sich dort aber ganz anders. Männer gewinnen Selbstvertrauen und Selbstsicherheit, die Attribute der Selbstliebe, hauptsächlich über die wichtigste Erfahrungsbühne ihres Lebens, den Beruf. Dafür tun die meisten viel, viele alles. Leistungsorientiert gehen sie bis zum Äußersten und landen nicht selten und heute immer öfter ausgebrannt in psychologischen Praxen und psychosomatischen Kliniken. Das Burnout-Syndrom grassiert und wurde zum Schlagwort unserer Zeit. Manche Berufsgruppen, wie die der Lehrer, leiden besonders darunter und so mancher von ihnen flüchtet sich so schnell wie möglich in die Frührente. Nun ständig zu Hause, wird häufig ihre Ehe problematisch, da sich die meisten Frauen nach längerer Ehe von der ununterbrochenen Präsenz ihrer Partner absolut überfordert fühlen. Jetzt kommt zu der Berufs- noch die Ehekrise. Und so endet dieser Prozess nicht selten mit der Erkrankung beider, beim Mann häufig im Herzinfarkt. Herzinfarkt bedeutet übersetzt ein gebrochenes Herz und signalisiert sehr oft einen Mangel an empfangener Liebe und Anerkennung beziehungsweise das Unvermögen, beides zeigen und geben zu können.

Liebe durch Leistung lautet das Motto, dem viele Menschen, aber insbesondere Frauen unbewusst schon beim Erwachsenwerden folgen und das sie in den kommenden Jahren in die Sklaverei treibt. Abhängig von diesem Programm ihrer Seele tun sie nun alles, dem Partner zu gefallen und sich seiner Anerkennung zu versichern. Sie versuchen im Bett die tolle Geliebte zu sein, später die perfekte Mutter und Hausfrau und nicht selten steigern sie noch das Haushaltsbudget durch einen Nebenjob, um den materiellen Status der Familie zu erhöhen oder einfach, weil das Einkommen des Mannes zu gering ist.

Abends sinken sie dann todmüde ins Bett und sind froh, wenn ihr Partner nicht noch was von ihnen will. Was auf der Strecke bleibt, ist die Beziehung. Nun stellen sie sich die Frage, was in ihrer Ehe falsch gelaufen ist, und suchen den Fehler zuerst einmal bei sich selbst oder projizieren die Schuld auf den Partner. Beide versuchten sich durch Leistung Anerkennung und Liebe zu erkaufen und mussten zwangsläufig damit scheitern.

Das Programm Liebe durch Leistung bedeutet ja, dass ich mich, ohne etwas Großes dafür getan zu haben, nicht wert und berechtigt fühle, geliebt zu werden. Solche Programme entstehen meistens schon in der Kindheit durch die Erfahrung der Gleichgültigkeit und Lieblosigkeit der Eltern. Vater und Mutter sind die wichtigsten Bezugspersonen und damit Programmierer unserer Seele. Das, was sie für sich selbst nicht hatten, ihnen bereits in ihrem Elternhaus fehlte, fehlt später uns. Und so machen wir uns auf den Weg, das Verlorene beziehungsweise nie Gefundene irgendwo da draußen zu suchen. Meistens landen wir damit in einer Sackgasse. Ich könnte ganze Romane erzählen, was ich diesbezüglich durch Patienten erfahren habe. Das Ich spiegelt sich durch das Solar-Plexus-Chakra, das die Verdauung regelt. So leiden die Betroffenen später oft an einer der vielen Erkrankungen des Verdauungstrakts. Mangelnde Ich-Liebe macht oft ängstlich und unsicher und so klagt der Betreffende beispielsweise über Magenbeschwerden. Am meisten zeigt sich aber dieses Manko an der so weit verbreiteten Diabetes. Zuckererkrankung bedeutet mangelnde Ich-Liebe. Das muss erklärt werden.

Diabetes ist eine Erkrankung der Bauchspeicheldrüse. Die für die Insulinproduktion verantwortlichen Inselzellen haben ihren Dienst aufgegeben. In Folge wird der durch das Essen aufgenommene Zucker nicht mehr abgebaut, sammelt sich an, verstopft schließlich die feinen Blutgefäße und führt unter anderem beispielsweise zu Nierenversagen, Blindheit, Gefäßerkrankungen und vieles andere mehr. Wie kommt es seelisch dazu? Wir wissen aus der Forschung, dass, wenn wir Zucker zu uns nehmen, das zu der Produktion eines Stoffes im Gehirn führt, der Drogen- und Beruhigungscharakter hat. Seitdem verstehen wir, warum Frauen, wenn sie Liebeskummer haben, so gern Berge von Schokolade und Pralinen verspeisen. Sie geben sich unbewusst eine Drogentherapie, die ihre verletzte Seele beruhigen soll. Das Gleiche macht der Zuckerkranke unbewusst. Er schaltet seine Inselzellen ab und hat nun bald die entsprechende „therapeutische" Wirkung. Er verspürt im Anfangsstadium eine gewissen Ruhe und Entspanntheit, schwebt auf Wolken, fühlt sich bald schwach und wie betrunken und fällt schließlich ins lebensbedrohliche Zuckerkoma. Zuckerkranke zeigen ihre seelische Problematik auch oft dadurch, dass sie das, was sie für sich selbst nicht haben, die Selbstliebe, ununterbrochen beim Umfeld, insbesondere beim Partner, einklagen. Das wirkt dann sehr erpresserisch und führt natürlich in der Regel nicht dazu, dass sie das Ersehnte erhalten. Oft entsteht das genaue Gegenteil: Der Partner flüchtet. Grundsätzlich gilt, dass der, der sich selbst nicht liebt, auch andere nicht wirklich lieben kann.

Schön, attraktiv und insbesondere fit zu sein, ist in der heutigen Zeit für Mann und Frau äußerst wichtig. Die Medien gaukeln uns ständig eine Welt vor, in der nur der, der diesen Äußerlichkeiten huldigt, auch im Leben erfolgreich sei. Das führt zu dem entsprechenden seelischen Druck, der dann zum ungebremsten Konsum von Kleidern, Kosmetika, Diäten, Fitnessprogrammen und Ähnlichem führt. Die Oberflächlichkeit triumphiert und spiegelt sich in den täglichen TV-Shows, wo immer die gleichen Teilnehmer den gleichen seichten Unsinn von sich geben. Man nannte Deutschland einmal das Land der Dichter und Denker. Wenn man die jungen Leute heute sprechen und sich unterhalten hört, hat man den Eindruck, dass die meisten die deutsche Sprache nur unzureichend beherrschen. Kein Wunder, da doch heute die meiste Kommunikation über das Smartphone läuft und man sich dort eine verkürzte Sprache angewöhnt, die an die Kommunikation von Kleinkindern erinnert. Darüber hinaus entwickeln diese modernen Kommunikationsgeräte eine Abhängigkeit und ein Suchtverhalten beim Nutzer, der erschreckend ist und in seiner Langzeitwirkung noch gar nicht richtig abzuschätzen ist. Es gibt erste Untersuchungsergebnisse, die darauf hinweisen, dass die intensive Nutzung dieser Smartphones bei Kindern und Jugendlichen, deren Körper noch im Werden ist, die Bildung von Hirntumoren begünstigen kann.

Zur Ich-Bildung gehört auch ein entsprechend gutes Bildungssystem. Ein Thema, das zwar im Wahlkampf ständig propagiert, hinterher aber genauso schnell wieder vergessen wird. Das Bildungsniveau sinkt, die Schulen verkommen, weil dafür angeblich kein Geld vorhanden ist. Wir produzieren intellektuelle Tiefflieger, die dann später auf der Strecke bleiben, weil sie von der Wirtschaft nicht als Leistungsträger anerkannt und wegen ihrer geringen Fähigkeiten in den Kernfächern Deutsch und Mathematik nicht akzeptiert werden. Dazu kommen noch die Mitschüler mit Imigrations-Hintergrund, die sich sowieso damit schwertun. Alles in allem auch hier keine berauschende Perspektive für unsere zukünftige Entwicklung im Konzert der Völker, deren Bildungsniveau – besonders in den asiatischen Staaten – teilweise bereits heute wesentlich höher liegt.

Umweltverschmutzung oder
wie es in unserer Seele aussieht spiegelt sich
im Zustand unserer Wohnung

Messies sind Menschen, die häufig in einer total vermüllten Umgebung vegetieren. Sie sammeln und horten zwanghaft Dinge. Das Messie-Syndrom ist eine ernst zu nehmende psychotische Krankheit, die das dahinter stehend seelische Thema spiegelt. Von allen menschlichen Motiven gibt es kaum eins, das nicht seine zentrale Ursache im Sammeln hat. Wenn wir also krankhaft sammeln und festhalten, hat das mit entsprechenden seelischen Strukturen zu tun, die irgendwann früher durch entsprechende Erfahrungen entstanden sind und nun zu einem Suchtverhalten führen. Sucht sucht. Aber was? Die Antwort darauf fällt so unterschiedlich aus, wie es Menschen gibt, die zu einem Suchtverhalten neigen.

Erfahrungen sammeln, dazu sind wir eigentlich auf Erden gekommen. Wir sammeln mehrheitlich materielle Güter. Natürlich ist das auch ein Sammeln. Aber wie immer kommt es auf die Qualität dessen an, was wir sammeln und was wir, wenn wir es haben, damit anfangen, wozu es uns dient. Da gibt es Leute, die sammeln mit Begeisterung Briefmarken und vergessen darüber die Welt. Andere sammeln Tiertrophäen und beteiligen sich damit an der Ausrottung ganzer Tierarten. Stolz präsentieren sie sich mit ihren Jagdgewehren und dem erlegten Löwen, Elefanten oder Nashorn in Facebook. Dort sammeln sie wie viele andere wieder Likes, diese moderne Form der Bekundung von Zustimmung und Anerkennung.

Sind wir dann Dinge leid oder brauchen sie nicht mehr, dann

werfen wir sie weg. Und so fliegt ein leerer Plastikbecher, die Bananenschale oder auch nur der Zigarettenstummel einfach durchs Autofenster auf die Straße. Umweltbewusstsein ist leider in vielen Ländern noch ein Fremdwort. Als ich durch Südamerika reiste, war ich zutiefst darüber entsetzt, wie die Menschen dort mit der Natur und ihrer Umwelt umgehen. Die Straßenränder sahen teilweise aus wie Mülldeponien. Gleiches finden wir in den vielen Slums am Rande der Großstädte Asiens und Afrikas. Menschen leben im wahrsten Sinn des Worts im eigenen Dreck. Es mangelt absolut an einem Umweltbewusstsein. Die Liebe zur Natur erstickt im Elend und der Armut der Besitzlosen. Der Kampf ums tägliche Überleben lässt keinen Raum für Übergeordnetes.

Aber auch gebildete Menschen, die es eigentlich besser wissen müssten, schädigen durch ihr egoistisches Verhalten die Natur durch den Anbau von Monokulturen, den Abbau von Braunkohle durch riesige Bagger, die ganze Landstriche denaturieren, oder das verbotene Abholzen und Roden der Wälder im Amazonasbecken und sonst wo auf Erden. In Kliniken mehren sich die Fälle von Erkrankungen der oberen Luftwege und der Verdacht fällt auf die Chemtrails. Noch im Juli 2017 macht sich Spiegel Online über dieses Phänomen und seine Kritiker lustig. Ich zitiere nachfolgend wörtlich: „Verschwörungstheorien haben ihren Charme. Sie versprechen die Welt zu erklären, ohne einfach nur etabliertes Wissen nachzubeten. Wenn da nicht die Verschwörungstheoretiker wären. Die sind mitunter missionarisch gestimmt, wie die Reaktionen auf einen Spiegel-Online-Artikel gezeigt haben, der berichtete, dass Raketenabgase vermehrt leuchtende Nachtwolken entstehen lassen. Zahlreiche Anhänger der sogenannten Chemtrail-Theorie schrieben Kommentare und E-Mails. Sie bieten interessanten Einblick in eine der populärsten Spökenkiekereien. Die Chemtrail-Theorie ist eine typische Verschwörungstheorie: Eine verschwiegene Elite Tausender Eingeweihter, zu der auch Mitarbeiter deutscher Bundesbehörden, Forschungsinstitute und zahlreicher Fluggesellschaften gehören, sorgt angeblich dafür, dass das ‚weltgrößte Geheimprojekt' seinen Lauf nimmt. Flugzeuge versprühen demnach im Auftrag von Staaten Chemikalien, um Wetter und Klima zu ändern, Menschen zu vergiften oder anderweitig Einfluss auf das Weltgeschehen zu nehmen. Als Beleg für die These gelten das Gewimmel von Kondensstreifen am Himmel sowie deren oft erstaunliche Formen. ‚Fragen Sie sich auch, was da Seltsames am Himmel passiert? Warum der Himmel immer mehr ausbleicht? Warum immer mehr Menschen über chronische Krankheiten und Alzheimer klagen?', fragt die Bürgerinitiative ‚Sauberer Himmel', die für einen ‚Himmel ohne Chemie-Wolken' kämpft."

Auch ein solcher Journalismus ist Umweltverschmutzung. Es interessiert nicht das Wohl der Masse, sondern man vertritt die Sichtweisen und Interessen einer Bildungselite, die genau die Dinge in die Welt gesetzt hat, unter denen wir heute leiden. Sind es nicht skrupellose Forscher und Manager der Pharmawirtschaft, die aus rein materiellen Gründen an Medikamenten festhalten, die unter Verdacht stehen, mehr zu schädigen als zu nutzen? Die Chemo-Behandlung bei Krebspatienten ist ein gutes Beispiel dafür. War es nicht die Machtelite, die 2001 für die Sprengung der beiden Zwillingstürme in New York verantwortlich war? Wollten da nicht Geheimdienste und staatliche Stellen in der Bevölkerung ein günstiges Klima für den dann erfolgten Krieg gegen den Irak schaffen? Und um was ging es? Um Öl und damit um Dollars! Der Spiegel, wie die meisten anderen Print- und audiovisuellen Medien des Mainstream, vertritt schon lange nicht mehr die Interessen der Gesamtbevölkerung, sondern nur noch die der Bildungs- und Geldelite.

Die vom Spiegel zitierte Bürgerinitiative „Sauberer Himmel" führt in ihrer Website wie folgt aus: „Das Versprühen der so genannten ‚Chemtrails‘ ist in allen betroffenen Ländern zum Staatsgeheimnis erklärt worden. Dies ist auch verständlich, sofern man sich die schlimmen Folgen vor Augen führt, wenn Menschen, Tiere und Umwelt mit toxischen Substanzen wie Aluminium, Barium und Strontium über viele Jahre hinweg aus der Luft besprüht werden, wofür die Verantwortlichen keine Haftung übernehmen wollen. Stattdessen sollen die Risiken und Schäden sozialisiert werden, also durch Steuern oder Sozialabgaben der Allgemeinheit auferlegt werden. Die Weltgesundheitsorganisation (WHO) hat nämlich in Untersuchungen festgestellt, dass jedwede Feinstaubkonzentration schädlich für den Menschen ist. Das Umweltbundesamt (UBA), das auf die Untersuchungen Bezug nimmt, warnt davor, dass gerade ultrafeine Partikel über die Lungenbläschen in die Luftbahn vordringen und sich über das Blut im gesamten Körper verteilen können, und dass vor allem längerfristig vorliegende Konzentrationen von Feinstaub gesundheitsschädigend wirken." Aber laut Spiegel ist das alles nur Einbildung und Verschwörungstheorie.

Last not least ist es unser Seelenmüll, der die schlimmsten Schöpfungen im Außen produziert. Im Fernsehen sieht man mehrheitlich Seichtes und Banales. Mord und Totschlag in den vielen Krimiserien und Computerspielen, die Brutalität und Bestialität verherrlichen, sind sicherlich einer der Auslöser für die Verrohung der Gesellschaft als Ganzes und die Terrorbereitschaft Einzelner. Fanatische Gruppierungen wie der Islamische Staat oder die Taliban haben da leichtes Spiel. Sie geben den niederen menschlichen Instinkten eine pseudo-religiöse Rechtfertigung und fertig ist der Selbstmordattentäter, der sich und achtzig andere in die Luft sprengt, weil seine manipulierte Seele das perfide Spiel seiner Verführer und Instruktoren nicht durchschauen kann. Und mit was lockt man diese mehrheitlich jungen Männer und Frauen? Dazu ein Beispiel für das diabolische Versprechen eines dieser Brandstifter, des Predigers Sheich Isma'il Aal Ghadwan, das er im Rahmen einer Predigt in der Sheik ,Ijlin Moschee in Gaza gegeben hat (Fernsehübertragung der palästinensischen Autonomiebehörde am 17. August 2001):

„Oh, Brüder im Glauben, wir empfinden keinen Verlust. Der Märtyrer, wenn er Allah (nach seinem Tod) trifft, erreicht Vergebung mit dem ersten Tropfen Blut. Er wird errettet von den Qualen des Grabes und sieht seinen Platz im Paradies. Er wird vom großen Schrecken (dem Jüngsten Gericht) errettet. Er erhält 72 schwarzäugige Frauen, 70 seiner Familie kommen durch ihn in den Himmel, er wird gekrönt mit der Krone des Ruhmes, dessen Edelstein besser als die ganze Welt ist und besser als all das, was darinnen ist."

Wie könnte ein ungebildeter und in menschenunwürdiger Umgebung lebender junger Araber solchen Verlockungen widerstehen, wo sie doch häufig von einer religiösen Autorität kommen, die in der arabischen Gesellschaft eine herausragende Position einnimmt? Das sind doch die gleichen Verführungsangebote, die Satan damals Jesus in der Wüste machte. Nur der war nicht empfänglich dafür.

Wie lange haben wir noch Zeit – oder steht die Apokalypse schon vor der Tür?

Im Vorwort habe ich geschrieben, dass ich in diesem Buch die Dinge leichter und humorvoller schildern sollte. Doch wenn ich die Welt seit dem Jahrtausendwechsel so betrachte, vergeht mir das Lachen und es fällt mir schwer, meinen Humor zu behalten. Ich will jetzt bewusst auf eine Aufzählung der schrecklichen Dinge verzichten, die in den letzten Jahren geschehen sind. Letztlich sind auch sie Ausdruck einer dualen Entwicklung und offenbaren den ewigen Kampf zwischen Gut und Böse, Arm und Reich, Himmel und Hölle. Ich habe mich in meinen Büchern bemüht, das, was ich innerlich gehört und gesehen habe, unverfälscht und in verständlichen Worten und ohne erhobenen Zeigefinger an Sie, liebe Leser, weiterzugeben. Bei dem vorliegenden Thema fällt mir das besonders schwer. Persönlich bin ich ein sehr sinnlicher Mensch, liebe Wein, Weib und – wie man an meinem Umfang sieht – gutes Essen. Und so eigne ich mich nach eigener Einschätzung nicht besonders zum prophetischen Verkünder unangenehmer Nachrichten. War ich noch nie ein Moralapostel, bin vielmehr oft mit viel Freude und Genuss „Sünder" gewesen. Umso schwerer fällt es mir daher davon zu sprechen, dass man meiner damaligen Frau und mir bereits vor drei Jahrzehnten von drüben verkündet hat, dass jetzt bald Schluss mit lustig sei. Auch ich wollte das eigentlich nicht hören, wollte kein Spielverderber sein und auch mir selbst den Spaß an der Freude nicht verderben lassen. Aber die Dinge kommen immer schneller und dichter auf uns zu, so dass ich mich gezwungen sehe, doch Stellung zu beziehen und mein Schweigen zu brechen.

Wenn man den täglichen Nachrichten aus aller Welt in den Medien und dem Internet folgt, hat man zunehmend das Gefühl, in einem Tollhaus zu sitzen. An manchen Tagen komme ich, wenn ich im TV der nationalen und internationalen Politik zuschaue, aus dem Kopfschütteln nicht mehr heraus. Sind denn alle verrückt geworden oder die Menschheit von einem bösen Virus befallen? Wieso feiert der Egoismus und Nationalismus plötzlich Triumphe, wo wir doch erst Anfang des Jahrtausends den Beginn der Globalisierung und damit das Zusammenwachsen der Menschheit propagierten? Wieso will jetzt wieder jeder sein eigenes Süppchen kochen? Verkehren sich alle Entwicklungen jetzt wieder ins Gegenteil? Wohin geht die Fahrt und wie sieht das Ziel aus? Leider sind da die Prognosen mehrheitlich schlecht. Die Wissenschaft kündigt uns gravierende klimatische Konsequenzen aus Jahrhunderte altem Fehlverhalten an, die gegen Ende dieses Jahrhunderts viele Gebiete dieser Erde unbewohnbar machen werden. Sie sind überflutet oder von der Sonne ausgedörrt und zur Wüste geworden. Die Basis schrumpft, während die Bevölkerungszahlen exponentiell steigen. Schon jetzt hungert über ein Drittel der Menschheit, lebt am Existenzminimum. Bilder von aufgeblähten Bäuchen hungernder Kinder gehen um die Welt. Die UNO warnt vor dem Hungertod ganzer Bevölkerungsteile in den Konfliktgebieten. Ein Kontinent – Afrika – scheint im Chaos zu versinken. Entsprechend steigen die Flüchtlingszahlen und überschwemmen das sich immer stärker abschottende Europa. Bilder von Booten, die von Flüchtlingen überladen sind, und im Meer treibenden und an Land angeschwemmten Leichen sind schon alltäglich geworden und regen fast niemand mehr auf. Wir alle stumpfen immer mehr ab. Die Flutwelle negativer Ereignisse ist scheinbar zu hoch, um sich ihr erfolgreich entgegenzustemmen. Viele haben resigniert und verdrängen das Geschehen.

Bei objektiver Analyse der Ereignisse und Entwicklungen, die uns so betroffen machen, müssen wir uns zugestehen, dass die meisten von ihnen hausgemacht sind. Der Kolonialismus der letzten Jahrhunderte, die willkürliche Grenzziehung von zu früh in die Selbständigkeit entlassenen Staaten führten in ganz Afrika zur Zersplitterung traditioneller Stammesgebiete und trugen damit den Keim zukünftiger ethnischer Kriege bereits bei ihrer Staatsgründung in sich. Die Ausbeutung der Rohstoffe dieses an sich so reichen Kontinents durch die Europäer und mangelnde Investitionen in die Infrastruktur und das Bildungssystem dieser Länder durch die ehemaligen Kolonialherren schufen das Desaster, das uns heute fast täglich in den Nachrichten begegnet. Mord und Totschlag, massenhafte Vergewaltigungen und millionenfache Vertreibung sind fast an der Tagesordnung. Afrika brennt und wir schauen zu und beklagen den Wassermangel! Dieser Kontinent, wie übrigens auch die meisten übrigen Anrainerstaaten des Mittelmeeres, bräuchten dringende sinnvolle und umfassende Kapitalhilfe, um die eigenen Strukturen verbessern und um dann überhaupt erst zu wirtschaftlichem Aufschwung kommen zu können. Die Hilfen, wozu sich die europäische Gemeinschaft nach langem Zögern entschließen konnte, sind wie der Tropfen auf den heißen Stein. Und so wird die Abwärtsspirale wohl weitergehen. Die Menschheit als Ganzes sägt mit Genuss an dem Ast, auf dem sie sitzt! Gerade während ich diese Zeilen schreibe ereignet sich wie zur Bestätigung des Gesagten ein weiterer Terroranschlag: Bei einem islamistischen Anschlag mitten in der Urlaubszeit haben Terroristen auf Barcelonas berühmter Flaniermeile Las Ramblas nach Angaben der Behörden mindestens 13 Menschen getötet. Etwa 90 weitere Menschen wurden verletzt, nachdem ein Lieferwagen mit hohem Tempo in eine Menschenmenge gerast war. Wenige Stunden nach dem Terrorakt wurden bei einer Polizeioperation etwa 100 Kilometer südlich von Barcelona fünf mutmaßliche Terroristen erschossen, wie die Polizei auf Twitter bestätigte.

Tatsächlich ist seit mindesten zwei Jahrtausenden bekannt, dass diese Welt, besser gesagt diese Zivilisation, ihrem Ende entgegentaumelt. Apokalypse heißt wörtlich übersetzt „Botschaft". Das zugrundeliegende Wort „apokalypsis" heißt im Griechischen „Enthüllung, Offenbarung". Und so erhielten wir bereits vor 2000 Jahren durch die Visionen und Berichte des Johannes Kunde von dem Bevorstehenden. Aber wer liest heute noch die Bibel? Wer will sich schon mit so unangenehmen Informationen auseinandersetzen? Da ist es doch einfacher, das alles in Bausch und Bogen als Unsinn und als nicht real abzutun. Doch viele mediale Menschen der letzten Jahrhunderte haben vor dem Kommenden gewarnt: Nostradamus, Edgar Cayce, die bayerischen Seher, moderne Medien und sogar im ersten Band der „Gespräche mit Gott" von Neale Donald Walsch wird es angekündigt. Und so befand ich mich in guter Gesellschaft, als ich in meinem Sachbuch „Die Flamme der Erkenntnis", im Kapitel Medialität, unsere diesbezüglichen apokalyptischen Botschaften im Original zitierte. Keiner kann sagen, er habe es nicht gewusst. In den USA mit ihrer Vielzahl fundamentaler Christen ist der Weltuntergangsglaube weit verbreitet. Umfragen besagen, dass fast 50 Prozent daran glauben. Und so berichtete neulich eine TV-Reportage von einer obskuren Reaktion darauf. Der Filmbericht zeigte Bilder von Bunkern, gebaut, um nach einem befürchteten Atomkrieg und auf einer danach verseuchten Erde doch noch überleben zu können. Im Innern dieser Bunker sah man auf der einen Seite eine lange Reihe von Regalen, auf denen in Kanistern Wasser und die verschiedensten Lebensmittel gehortet wurden. Auf der anderen Bunkerseite hatten die Besitzer in der gleichen Anzahl von Regalen viele Waffen, von der Handgranate über die Pistole bis zum Sturmgewehr gelagert, um in der Not den zu erwartenden Sturm der Besitzlosen und Hungernden auf die in dieser Zeit so sehr begehrten Lebensmittel abwehren zu können. Sie schimpfen sich fundamentale Christen und beweisen damit, dass sie die fundamentale Lehre Christi von der Nächstenliebe entweder nicht verstanden oder nicht verinnerlicht haben. Wie war das damals bei St. Martin, dem legendären frühchristlichen Bischof von Tours, der seinen einzigen Mantel mit dem Schwert zerteilte und die Hälfte einem frierenden Bettler gab?

Man hatte meiner damaligen Frau und mir medial gezeigt, dass die kommenden Ereignisse – vom Atomkrieg über das Versinken großer Landteile, insbesondere auch in Europa, bis hin zu Erdbeben und einem Polsprung – die Mehrzahl der zurzeit lebenden Menschen kosten würde. Es waren schreckliche Bilder und wir brauchten lange, um sie einigermaßen abschütteln und normal weiterleben zu können. Wir verstanden aber auch, dass es nicht um Bestrafung, sondern nur um Konsequenz ging. Die Menschheit wird nur das ernten, was sie über lange Zeit selbst gesät hat. Und was das Wichtigste ist, es geht nach diesem Reinigungsprozess sehr viel besser weiter. Sicher kein Trost für die, die scheinbar auf der Strecke bleiben und die die unschuldigen Opfer der bereits stattfindenden und noch kommenden Katastrophen sein werden. Doch spätestens nach ihrem Übergang werden sie von hilfreichen Geistern im Jenseits in Empfang genommen, getröstet, gestützt und in die Sphäre gebracht, wo ihre weitere Entwicklung und Bewusstwerdung stattfinden soll. In der Rückschau werden sie verstehen lernen, warum ihr Schicksal war, wie es war, und was es mit der Wahl und dem Plan ihres eigenen Wesens zu tun hat, das sich auf diesem Weg und auf diese Art in der polaren Schöpfung erfahren wollte.

Übergeordnet betrachtet laufen all diese Dramen und Komödien gleichzeitig ab. Dort, wo wir ursprünglich herkommen, im Licht, gibt es keine Dualität, nur Einheit und Ganzheit. Deshalb heißt es ja auch, dass es im Ursprung weder Zeit noch Raum gibt. Denn beides sind Zustände und Erfahrungen dualer Schöpfungsebenen, zeigen sich erstmals nach dem Verlassen der Kausalebene. Erst ab dort gibt es die Spaltung des Bewusstseins, müssen wir die Ganzheit in ihre Teile aufspalten und nacheinander erfahren und integrieren. Von da an ist unser Denken linear und gespalten, haben wir im Körper zwei Hirnhemisphären und nachfolgend nur duale Organe. Wir können zwar über Einheit und Ganzheit endlos philosophieren, werden sie aber über unsere körperlichen Sinne und unser Denken nie wirklich erfahren. Dafür ist es notwendig, dass wir uns nach innen richten und mit Hilfe unserer inneren Sinne die Schöpfung in ihrer Gesamtheit Schritt für Schritt erkennen und verstehen lernen. Der Weg zu diesem Vermögen geht über Meditation und Kontemplation. Das Ich muss bereit sein, seine Aufmerksamkeit vom Außen auf das Innen zu lenken. Und das fällt ihm wahrlich schwer und kostet viel Übung und Disziplin.

Auf diesem Weg erfahren wir auch, dass in der Tat alles gleichzeitig abläuft und die Schöpfung nicht den Gesetzen einer linearen Evolution folgt. Als Opfer einer falschen Wahrnehmung glauben wir, dass wir uns von der Unvollkommenheit zur Vollkommenheit entwickeln müssen, dass wir unfertig auf die Welt kommen und alles tun müssen, um besser zu werden. Wir sprechen von Gott als dem Schöpfer aller Welten und nennen IHN allumfassend, allwissend und allvermögend. Durch unseren

Evolutionsglauben bringen wir aber eigentlich zum Ausdruck, dass Papa offensichtlich nicht bei der Sache war und Halbfertiges fabriziert hat. Und dass wir nun dafür sorgen müssen, endgültig und vollkommen zu werden. Tatsächlich war und ist die Schöpfung von Anbeginn an vollkommen und allumfassend in Ordnung. Denn ein Gott kann nur Vollkommenes erschaffen. Deshalb sagt Papa uns, dass wir nicht hier auf Erden sind, um uns zu entwickeln, sondern um uns als bereits vollkommene Wesen in unserer eigenen Göttlichkeit zu erkennen! Wir sind schließlich seine Kinder und er ist stolz auf uns! Also schau in den Spiegel. Und wen siehst du? Papa! Alles, was ist, ist Gott! Außer Papa gibt es nichts! Papa in unterschiedlichen Formen. Und weil das so ist, hat er uns gesagt, wir sollen uns kein Gleichnis oder Bildnis von ihm machen. Damit legen wir ihn nämlich auf eine bestimmte Form fest, wo er doch alle einnehmen kann, sich hinter allem verbirgt. Würde er einer Gruppe als Mann und einer anderen als Frau erscheinen, gäbe es anschließend Streit und Krieg zwischen den Gruppen darüber, wie und wer Gott ist! Alles schon da gewesen. Schaut euch nur die unterschiedlichen Religionen und ihre Gottesvorstellungen an und wie sie sich bis heute deswegen bekämpfen und der Lüge bzw. falschen Lehre bezichtigen!

Der Eindruck der Unvollkommenheit entsteht bei uns Menschen nur dadurch, dass wir von der Wirklichkeit nur einen minimalen Bruchteil wahrnehmen. Und so findet der Erfinder nur, was schon immer da war, entdeckt der Entdecker nur bereits Vorhandenes, ist jede irdische Idee und ihre daraus erwachsende physikalische Schöpfung bereits auf den höheren Ebenen vorhanden. Nichts auf der Welt ist und war jemals neu! Die Form im Jenseits ist ewig und alt, nur ihr Abdruck in Form unserer physischen Entdeckungen und Schöpfungen zeigt sich uns scheinbar neu. All meine Bücher waren in meinem Geist auf höherer Ebene bereits komplett vorhanden, mein aktuelles Ego aber hatte jede Menge Mühe, die Inhalte nach hier unten zu transportieren. Und oft wurde mir bewusst, dass ich Hilfe von einer anderen Ich-Form meines Bewusstseins erhielt, die in ihrem irdischen Leben ein bekannter Dichter der Romantik und Mitbegründer der Esoterik war. Es war berauschend zu erleben, wie sich die Teile unserer Gesamtpersönlichkeit untereinander brüderlich helfen können, wenn das verkörperte Ich dazu bereit und in der Lage ist.

Wir wählen also die Reihenfolge unserer Leben nicht nach einem zeitlichen oder evolutionären Konzept. Die Darwinsche Evolutionstheorie gilt nur für die biologische Entwicklung. Im Geist wählen und planen wir nach ganz anderen Kriterien. Und so folgte in meiner Rückerinnerung einem Leben als Prophet in Israel ein Leben als Tempelhure. Eben war ich noch Mensch und plötzlich Baum. Dem Gefühl, mich als rotglühend fließende Lava zu spüren, folgte eine Erinnerung als gegen die Tradition und ihre Regeln rebellierender Tempelpriester. Mein Bewusstsein sprang von hier nach dort, von oben nach unten und überall gab es Neues und Interessantes zu erleben. Mein Geist wollte einfach wissen, wie es ist, unvollkommen zu sein. Wollte wissen, was Fülle und Mangel bedeuten, da er selbst nur ewigen Besitz und Sein kennt. Wollte wissen, wie sich Gut und Böse anfühlen, weil so etwas zu Hause nicht existiert. Und weil Engel das zwar von oben alles beobachten können, müssen sie es doch erst erfahren und auf der Engelsleiter hinabsteigen, um zu erleben, wie es ist, ein Berg, ein Baum, ein Adler oder Mensch zu sein. Ein rein aus der Beobachtung gespeistes Wissen kann nicht mit der Erfahrung darüber gleich gesetzt werden. Erst die Erfahrung, über viele Leben hinweg, macht uns rund und ganz. Zurzeit besteht die aktuelle Menschheit mehrheitlich aus sehr jungen Seelen, die erst wenige Male Mensch gewesen sind. Ihr Bewusstsein befindet sich sozusagen noch in der frühkindlichen Trotzphase und deshalb sind die Dinge auf Erden so, wie sie sind. Weniger als fünf Prozent der Erdbevölkerung gehören zu den Lichtkindern, die als reife Seelen gekommen sind, um den jungen Geschwistern in dieser schweren Zeit zur Seite zu stehen und zu helfen. Die Bibel nennt die, die aus dem Licht kommen, die Arbeiter im Weinberg des Herrn, die Hoch-Esoterik bezeugt sie als die qualifizierte Minderheit, die gekommen sei, die Mehrheit zum Umbruch zu bringen. Wie die Hefe im Brotteig, die dafür sorgt, dass das Ganze aufgeht und seiner Bestimmung folgt. Auch sie sind seit langer Zeit angekündigt und ihr massives Erscheinen in dieser Zeit besagt, dass die Entwicklung auf Erden sich zuspitzt und dem Finale entgegengeht.

Das goldene Zeitalter oder die Zeit danach

Es geht um eine globale Metamorphose, das Alte muss sterben, damit das Neue wiedergeboren werden kann. Die heutige Menschheit gleicht der trägen Raupe, die jetzt noch auf dem Bauch in der Materie wühlt, sich bald verpuppt und in der Form erstarrt, dann aufbricht und sich wie ein Schmetterling in die neue luftige Dimension erhebt. Der schmerzhaften Verwandlung folgt das Erleben des angekündigten goldenen Zeitalters. Die Bibel kündigt es als das neue Jerusalem an, wo Mensch und Gott sich wiedergefunden haben und eine neue und innigere Form der Kommunikation mit IHM und seiner Geisterwelt auf uns wartet. Die Grenzen zwischen den Ebenen werden durchlässiger sein und der Austausch zwischen den Kindern seiner Liebe einfacher werden. Ich sehe die Metamorphose in Gestalt der Apokalypse bald kommen und sich auch das goldene Zeitalter noch in diesem Jahrhundert manifestieren. Für die Lichtkinder ist jetzt ihre härteste Einsatzzeit. Sie wollten in dieser schweren Zeit der Liebe und Barmherzigkeit dienen. Und sie werden es schaffen, da sie die Unterstützung der Himmel und ihrer Brüder im Geist haben. Am Ende siegt immer das Licht über die Dunkelheit.

Viele Gebiete dieser Erde werden nach den angekündigten Ereignissen unbewohnbar sein. Die meisten Menschen werden diese Erde verlassen haben, ihre Seelen auf anderen Planeten im Weltraum und in neuen Körpern, welcher Art auch immer, ihren Weg weitergehen. Zurückbleiben und das Kommende überleben werden noch etwa drei Milliarden Menschen. 1800 betrug die Weltbevölkerung gerade mal eine Milliarde Menschen. Wir werden also noch genug sein, uns diese Erde erneut untertan zu machen, diesmal allerdings mit einem höheren Bewusstsein und mit wesentlich mehr Verantwortungsgefühl für unsere Mitmenschen und die anderen Bewohner dieses blauen Juwels im All. Auch viele Tiere und Pflanzenarten werden gegangen sein, aber die, die geblieben sind, werden wie wir von einer höheren Schwingung von Mutter Erde profitieren und erstaunliche Bewusstseinsleistungen zeigen. Jetzt noch paranormale Fähigkeiten von einzelnen Menschen werden Allgemeingut sein und die zurzeit nur wenigen vorbehaltenen Kommunikationsmöglichkeiten mit den anderen Naturreichen eine Selbstverständlichkeit aller sein. Es werden die Menschen sich wieder der schlummernden Potentiale ihrer Seele und ihres Gehirns bewusst werden und sie werden schnell lernen, sie zum Wohle aller einzusetzen.

Nicht dass solche Fähigkeiten wirklich neu für uns wären! Bereits in Atlantis und Lemuria und in der Frühzeit Ägyptens war die Nutzung geistiger und seelischer Fähigkeiten durchaus üblich. Das empfehlenswerte Buch „Einweihung" von Elisabeth Haich lässt diese Zeit wieder auferstehen und so lesen wir in der Ankündigung des Thalia-Verlages: „Seit uralten Zeiten wachen die Großen Eingeweihten über das geistige Wissen der Menschheit. Nur weniges ist aus den verborgenen Tempeln und den Mysterienschulen des Altertums jemals bekannt geworden. Die großen Meister und ihre eingeweihten Schüler starben eher, als dass sie ihr Wissen verrieten. Erst in unserer Zeit, am bevorstehenden Beginn einer neuen Epoche, durfte der Schleier gelüftet werden. Erstmals wird in der ‚Einweihung', dem unsterblichen Meisterwerk von Elisabeth Haich, enthüllt, was sich wirklich im Inneren der Großen Pyramide ereignete. Dabei zeigt sich, dass in der Einweihung die Begrenzungen von Zeit und Raum fallen – was Vergangenheit war, wird Gegenwart, und was

Gegenwart ist, bleibt untrennbar von der Vergangenheit. Ein Weisheitsbuch, das auf einzigartige Weise lange verborgene Geheimnisse enthüllt und die unvergänglichen Gesetzmäßigkeiten des geistigen Weges offenbart. Ein mystisch-biographischer Roman, der die spirituellen Fragen unserer Zeit beantworten kann und eine neue Sicht des Lebens ermöglicht." Ich war begeistert von diesem Buch, da ich vieles in mir wiederfinden konnte, und empfehle es als eine grundlegende Information für den Suchenden auf dem Weg.

Findhorn ist eine spirituelle Gemeinde in Schottland. Und dort leben und praktizieren die Menschen bereits in einer kleinen Gruppe das, was die Menschheit als Ganzes im kommenden Zeitalter neu entwickeln und ins Leben rufen muss. Diese Gemeinschaft sagt Folgendes über sich: „Die Findhorn Foundation liegt im Herzen einer der bekanntesten spirituellen Gemeinschaften der Welt, die 400 Menschen aus über 20 Nationen umfasst. Die Gemeinschaft entstand 1962 durch Peter und Eileen Caddy und Dorothy Maclean. Sie wurde durch ihren (medialen) Kontakt mit den in Pflanzen und der Natur existierenden Bewusstseinsformen bekannt. Seither haben wir uns zu einem Zentrum zur Förderung spirituellen und ganzheitlichen Denkens entwickelt. Unseren Kursen liegt dieselbe Lebensanschauung und innere Einstimmung auf geistige Kräfte zugrunde, die die ursprüngliche Zusammenarbeit mit den Naturreichen ermöglichte. Wir folgen keinem einheitlichen Glauben, gehen aber davon aus, dass sich die Menschheit auf dem Wege einer Bewusstseinserweiterung befindet, aus der sich neue, auf spirituellen Werten basierende Formen des Zusammenlebens entwickeln. Durch ein gemeinsames Leben und Arbeiten setzen wir dies praktisch um. Dazu gehören unter anderem ökologische Bauweise, alternative Energieerzeugung, Recycling und biologischer Anbau. Heute umfassen wir über 40 verschiedene Organisationen, die alle durch eine positive gemeinsame Vision für die Menschheit und die Erde verbunden sind."

Es gibt also viel und berechtigte Hoffnung für die Zeit danach. Es gilt aber, möglichst bereits heute diesen Weg zu beschreiten. Durch meine inneren Stimmen 1984 berufen, bilde und initiiere ich Suchende und zeige ihnen den Weg, wie sie sich auf das Kommende vorbereiten und ihren Mitmenschen mit den Kräften der Seele und des Geistes in dieser Zeit helfen können. Über 2300 Schüler weltweit praktizieren und gehen schon den Weg des Lichts in der von mir gechannelten Form. In meinen Büchern zeige ich beispielhaft, wie sich das Gesagte umsetzen und verwirklichen lässt. Wer sich angesprochen fühlt, kann sich über meine Website weiter informieren (www.axel-philippi.de).

Eine Job-Beschreibung
für Lichtarbeiter

Viele sind berufen, aber nur wenige auserwählt. Dieses Zitat besagt, dass es zurzeit viele Kinder des Lichts auf Erden gibt. Mehrere esoterische Gruppierungen sprechen von unterschiedlichen Prozentzahlen, aber alle liegen unter fünf Prozent. Nehmen wir also mal an, es wären drei Prozent. Drei Prozent der Menschheit von 7,3 Milliarden macht 250 Millionen verkörperte Lichtarbeiter. Die Bibel nennt sie die Arbeiter im Weinberg des Herrn, die Hoch-Esoterik „die qualifizierte Minderheit", die die Mehrheit, wie Hefe im Brotteig, zum Aufgehen, zum Umbruch bzw. zur Bewusstwerdung bringen soll. Wo stecken die alle? Und müsste es da nicht viel mehr Initiatoren wie mich geben, die sie aufwecken und ausbilden?

Zum besseren Verständnis ein Gleichnis: Die verkörperten Lichtarbeiter sind für mich wie Äpfel am Baum des Lebens. Und jeder Apfelbauer weiß, dass sie nicht alle gleichzeitig reif werden. Dass sie deshalb nacheinander und über mehrere Wochen gepflückt werden müssen. Alle sind sie Äpfel, sind sie berufen, aber nur die Reifen kommen schon auf den Tisch des Herrn, werden auserwählt. Und wer wählt sie aus? Sie sich selbst! Indem sie in Resonanz treten zu den unterschiedlichsten von Gott beauftragten Botschaftern auf der ganzen Welt und in Folge zu ihren Schülern werden. Wen ich nun zu meinem Lehrer, Guru oder Ausbilder in Sachen Spiritualität wähle, ist kein Zufall, sondern unterliegt dem Resonanzprinzip. Nur Gleiches kann Gleiches zum Mitschwingen bringen. Die Chemie muss stimmen, wenn Lehrer und Schüler zusammenkommen sollen.

Es kursieren Tausende von meinen Büchern. Sie repräsentieren meine Angel, die ich ausgeworfen habe, um seltene Fische zu angeln. Anbeißen tun nur die, denen der Köder, die Botschaft meiner Bücher, schmeckt und sie kommen dann oft von weit her. Sie sind in Resonanz getreten zu dem Gelesenen, spüren eine innere Übereinstimmung mit der Botschaft und fühlen sich aufgerufen, meiner Ausbildungs- und Initiations-Einladung zu folgen. Und so lesen hundert Interessierte zum Beispiel mein Tagebuch, fünfundneunzig sagen anschließend „ach, ganz nett" und greifen zu einem neuen Buch, während fünf von ihnen so ins Mitschwingen geraten, dass sie mir eine E-Mail schreiben, um nach den Ausbildungsmodalitäten und den Seminarterminen zu fragen. Sie kamen seitdem aus der ganzen Welt und viele von ihnen setzen inzwischen das Gelernte erfolgreich als Geistheiler und Reinkarnationstherapeuten in eigener Praxis um. Der seelische „rote Faden" ist bei allen das Helfersyndrom. Dem gefallenen Bruder auf Erden die Hand zu reichen und ihm auf seinem oft schwierigen Weg zu helfen, war das Motiv, das sie aus dem Lichtreich herabsteigen ließ. Man nennt das auch das über viele Jahrtausende laufende Heimholungswerk.

In einem Seminar von zweieinhalb Tagen erfahren die angehenden Heiler Grundlegendes über ihr zukünftiges Metier und erhalten Information und Anleitung zu ihrem Tun nach erfolgter Initiation. Was tut ein Initiator? Er wurde vom göttlichen Geist berufen und ausgewählt, bestimmten Menschen, die ihm zugeführt wurden, einen entsprechenden energetischen Öffnungsimpuls zu setzen. Mythologisch ausgedrückt öffne ich die Tür zur Herz- und damit Kausalebene, dem Sitz des Göttlichen im Menschen. Der Kandidat tritt dadurch in unmittelbaren Kontakt mit seinem Höheren Selbst und kann von diesem Augenblick an das Licht aller drei Schöpfungsebenen kanalisieren. Für die meisten war diese Erfahrung wie ein Wunder. Wunder gibt es nicht, sondern nur Gesetze und Regeln, die das scheinbar Wunderbare hervorbringen und erklären. Und so gilt: Wissen tut not!

Ich weiß, dass ich nichts weiß. Das ist kein Widerspruch zu dem eben Gesagten. Aber bei einem noch so hohen Wissen im eigenen Themenbereich, habe ich von der absoluten Mehrheit dessen, was es an Wissen gibt, nicht die geringste Ahnung. Ich kann keine Uhr reparieren, keinen Computer programmieren, ja nicht mal meine Wäsche waschen, da ich keine Ahnung habe, wie diese Maschine funktioniert. Dafür habe ich doch Maria! Dieses Wissen um das eigene Nichtwissen verhindert Hochmut und Selbstüberschätzung. Eine solche Haltung geziemt dem Geistigen Krieger und akzeptiert keinen Thron, auf den uns die anderen manchmal setzen wollen. Bescheidenheit ist keine Minderwertigkeit, sondern Ausdruck dafür, dass man verstanden hat, dass wir letztlich alle gleichwertig sind, unabhängig davon, welche Lebensrolle mit welchem Background wir uns auch immer gewählt haben. Und deshalb nannte Jesus alle Menschen seine Brüder!

Einer Sache einen Wert geben, verurteilen und richten heißt, dass wir immer noch tief in der Dualität stecken. Von zwei Möglichkeiten heben wir somit eine in den Himmel, und werten die andere ab. Scheinbar haben wir keine andere Möglichkeit, erleben wir doch den Entscheidungszwang, den die Dualität mit sich bringt schon am Morgen, wenn wir nach unserem Schlaf die Augen öffnen. Sofort müssen wir entscheiden, bleibe ich liegen oder stehe ich auf! Und so geht es nun den ganzen Tag weiter. Trinke ich Kaffee oder Tee zum Frühstück, gehe ich ins Büro oder melde ich mich krank und bleibe zu Hause, fahre ich mit dem Auto oder der U-Bahn in die Stadt? Die Liste ließe sich beliebig verlängern. Der Lichtarbeiter ist nun gehalten, sich darum zu bemühen, die scheinbaren Gegensätze in sich und damit das Diktat der Dualität zu überwinden. Deshalb die Empfehlung, den eigenen Schatten zu integrieren, den Feind lieben zu lernen. Dazu bedienen wir uns der Meditation und der Kontemplation. Und indem wir in der Reinkarnationstherapie uns einmal als Mann und einmal als Frau, einmal als Weißer und einmal als Schwarzer, einmal als Krösus und einmal als Bettler erleben und langsam begreifen, dass wir immer alles und damit ganz sind. Ich überwinde dadurch die Spaltung in mir und werde wieder eins. Ich bin in meiner Mitte.

Was der angehende Lichtarbeiter nun zukünftig konkret tut, ob er Kranke heilt, als Medium Kontakt zum Jenseits herstellt oder sich um Alte oder Kinder kümmert, ist letztlich „gleich-gültig". Jedwede menschliche Beschäftigung dient der Erfahrung und damit der Bewusstwerdung. Nur in der Dualität gibt es scheinbar höherrangige und niederrangige Tätigkeiten. Aus geistiger und damit übergeordneter Sicht dienen die Putzfrau und der Quantenphysiker dem gleichen Prinzip und dem gleichen Auftrag. Beide sind Teile Gottes, die Erfahrung sammeln, und sind somit gleichrangig. Deshalb liebt uns Gott alle gleich, sind wir doch alle Er! Gott, der sich erfährt.

Zeit und Raum sind relativ

Dort, wo wir ursprünglich herkommen, im Licht, gibt es keine Dualität, dort leben alle im Einheitsbewusstsein. Es gibt weder ein Gestern noch ein Morgen, nur ein ewiges Jetzt. Alles ist gleichzeitig. Es existiert weder ein Hier noch ein Dort, es gibt keine Entfernung und keinen Raum und damit auch keine Zeit. Wie ist das zu verstehen?

Im Licht sind wir göttliche Wesen, haben wir als seine Kinder die gleichen Möglichkeiten wie Papa. Vom göttlichen Geist sagen wir, dass er allwissend, allvermögend und allumfassend ist. Das Sein ist ungespalten, allen gehört alles und es ist von allen sofort abrufbar. Worauf auch immer ich meine Aufmerksamkeit lenke, bin ich auch im gleichen Augenblick, bin gleichzeitig hier und dort. Ich „verbrauche" also keine Zeit, um von einem Ort zum anderen zu gelangen. Damit habe ich auch nicht die Erfahrung und das Gefühl von Raum, denn mein Bewusstsein ist gleichzeitig überall. Deshalb benennen wir ja auch den Entwicklungsweg dorthin „Bewusstseins-Erweiterung". Also Ausdehnung bis zum Endstadium des allumfassenden Seins. Summa summarum: zu Hause gibt es weder Zeit noch Raum! Dass wir hier unten beides erfahren, liegt an den Rahmenbedingungen der unteren Schöpfungsebenen. Wir haben sie bewusst als temporären Aufenthaltsort gewählt, weil der Geist in uns sehr neugierig ist und sich ständig neu erfahren will. In der Einheit unserer Herkunftsebene ist das so nicht möglich, da alles Eins ist und ein Zweites nicht existiert. Das Zweite, das Gegenüber, der Spiegel ist aber zwingend vonnöten, damit ich mich darin erkennen kann und mich selbst verstehen lerne.

Auf der physischen Ebene regiert das Gesetz des Widerstands, das heißt, es vergeht unter Umständen viel Zeit, bis unsere gedanklichen und emotionalen Schöpfungskräfte Gestalt annehmen, zur Manifestation führen. Wie lange dauert es, bis aus der Entscheidung, ein Haus zu bauen, ein fertiges Gebäude wird? Dieses Widerstandsgesetz besagt, dass eine Kraft – und eine Seele ist eine Kraft – zu ihrer Offenbarung immer eine Gegenkraft in Form eines Widerstands braucht. Durch die Überwindung der sich uns in den Weg stellenden Widerstände im Leben wachsen wir. Wir gehen ins Bodybuilding, nutzen den Widerstand der Gewichte, damit unsere Muskulatur daran wachsen kann. An der Überwindung seelischer Konflikte wachsen und erfahren wir die in uns schlummernden Potentiale. Deshalb kommen Wesen höherer Ebenen auf Erden, weil nur hier diese Wachstumschance durch die Existenz des Widerstandsprinzips besteht.

Die Materie auf Erden besteht aus Atomen, die Atome aus den Elementarteilchen Proton, Neutron und Elektron. Diese haben einen Spin, drehen sich um die eigene Achse mit halber Lichtgeschwindigkeit, d.h. mit 150.000 km pro Sekunde! Alles in uns ist in Bewegung, was Heraklit, der griechische Philosoph, mit dem Ausruf „panta rhei – alles fließt" ausdrückte. Materie könnte man also definieren als auf halbe Geschwindigkeit herabgebremstes Licht. Auf den höheren Ebenen des Astralen, Mentalen und Kausalen existiert auch Materie, haben die dortigen Bewohner auch Körper, die aber, von unten nach oben sich steigernd, wesentlich schneller schwingen. Das hat zur Folge, dass Wesen mit höheren Körpern im gleichen Zeittakt wesentlich mehr Sinnesdaten aufnehmen und verarbeiten können. Das führt zu einer umfassenderen Wahrnehmung des Umfeldes. Deshalb sprechen wir hier auch von höherem Bewusstsein.

Erst auf der Herz- oder Kausalebene schwingt die Materie mit voller Lichtgeschwindigkeit, ist die Wahrnehmung erst vollkommen und objektiv, auf den unteren Ebenen nur relativ. Der Herzebene ordnen wir deshalb dem Lichtkörper zu, danach sind wir körperlose Lichtwesen in einem der drei Himmelssphären, die wir den drei Kopfchakren zuordnen.

Die Quantenphysik lehrt uns, dass bereits auf der subatomaren Ebene der Elementarteilchen Gesetze herrschen, die den Naturgesetzen auf der physischen Ebene widersprechen. In unserer Sphäre herrscht Kausalität, das Gesetz von Ursache und Wirkung. Und dazwischen liegt Zeit. Ich schalte eine Kochplatte ein und erst nach ein paar Sekunden wird sie heiß. Ich pflanze Samen und daraus wachsen erst ein paar Wochen später die gewünschten Pflanzen und Früchte. Ich schicke Raumschiffe ins All, die erst nach sieben bis acht Monaten auf dem Mars ankommen. Auf der Elementarteilchen-Ebene ist das ganz anders. Elementarteilchen treten immer als Duale auf, zwei bilden eine Einheit, ein System. Das eine hat eine Negativladung und ist linksdrehend, das andere eine Positivladung und ist rechtsdrehend. Verändere ich nun die Drehrichtung des einen, verändert sich die Drehrichtung des anderen entsprechend. Und das synchron, also zeitgleich, selbst wenn die Teilchen theoretisch Lichtjahre voneinander entfernt sind. Das heißt, die Information der neuen Ausrichtung erfolgt im selben Augenblick, obwohl die Strecke zwischen den Teilchen so groß ist, dass selbst das Licht dafür Jahre braucht, wo es doch in der Sekunde 300.000 km zurücklegt. Auf unserer Ebene unvorstellbar! Des Weiteren beeinflusst der Forscher, der Elementarteilchen beobachtet, mit seinem Bewusstsein den Ort, wo die Elektronen sich entsprechend zeigen, und legt mit seiner Erwartungshaltung fest, wie ihm diese Bausteine der Atome erscheinen. Mal als Welle, also Energie, oder als Teilchen und damit Materie. Das hört sich wie Zauberei an! Was werden wir wohl erst in den kommenden Jahrhunderten entdecken, wenn unser Bewusstsein zwischenzeitlich den erwarteten Sprung gemacht hat?

Patientenbehandlung in der Kombination von Energie- und Rückführungstherapie

Es kamen in den letzten 30 Jahren Menschen mit den unterschiedlichsten Erkrankungen zu mir und immer galt: vom Fußpilz bis zum Hirntumor ist jede Krankheit seelischen Ursprungs. Der Körper spiegelt die Seele und deshalb übersetze ich mir bereits im Rahmen der Anamnese die mir vom Patienten geschilderten Erkrankungen in ihre seelische Botschaft. Grundlage ist die psychologische Anatomie, das heißt das Wissen um die seelische Spiegelfunktion der einzelnen Organe. Das jeweilige Organ steht also bei jedem Menschen für den gleichen seelischen Bereich, die Erkrankung am Organ unterliegt einer Bedeutungshierarchie. Es gilt: je schwerer der seelische Konflikt, umso schwerer das Krankheitsbild. Krebs als stärkste Signalstufe oder krebsadäquate Erkrankungen, wie z.B. Multiple Sklerose, Bechterew oder Parkinson, stehen immer für einen seelisch subjektiv nicht lösbaren Konflikt. Erleben drei Menschen das gleiche Trauma, erkrankt der eine leicht, der zweite stirbt und der dritte zeigt keinerlei Reaktionen auf das Geschehen. Wie also ein Mensch auf ein Trauma reagiert, ist abhängig von der Psychostruktur des Betreffenden.

Grundsätzlich behandele ich Patienten zweigleisig. Mit unterschiedlichen Trance- und Hypnosetechniken und mittels des Lichts, das von meinen Händen ausgeht. Bei der Energietherapie wird zuerst der Energiefluss vom Steiß bis zum Scheitel überprüft und gegebenenfalls Falschdrehungen oder Blockaden einzelner Chakren sofort korrigiert. Durch Auspendeln der beiden Schulter- und Hüftgelenke überprüfe ich die beiden Energieformen YIN und YANG. Bei über zwei Drittel der

Menschen ist eine Körperseite dominant. Durch Aufladen der schwachen Seite bringe ich nun das Energiesystem des Patienten ins Gleichgewicht.

Das Ganze spiegelt sich in seinen Teilen, Teile des Körpers spiegeln den ganzen Körper. Das zeigt sich besonders in den Handflächen und den Fußsohlen, da dort die Akupunkturbahnen des Nadisystems enden, und deshalb sind alle Organe bzw. Körperregionen hier abgebildet. In den Zehen enden die Energiebahnen, die mit dem Kopf in Verbindung stehen. Deshalb sage ich scherzhaft zu meinen Patienten: „Wenn ich jetzt hier unten Strom draufgebe, muss oben in Ihrem Kopf das Licht angehen!" Der Patient spürt dann das Ankommen der Energie im Kopf in Form von Augenlidflackern, häufiger ein Kribbeln oder Druck- und Wärmeanstieg bis zum Scheitel. Danach werden im Rahmen der Chakra-Therapie die drei Kopfzentren mit den unteren Wirbeln energetisch verbunden. Das nennt man den vertikalen Energieausgleich.

Anschließend erfolgt der horizontale Energieausgleich, indem meine Hände die dualen Organpartner miteinander verbinden. Dem Hirnhemisphären-Ausgleich kommt dabei die wichtigste Bedeutung zu, da sich im Gehirn der ganze Organismus spiegelt und hier die Steuerung des ganzen Körpers erfolgt. Es folgt der Ausgleich der Schultern, der Nieren und der Hüft- und Kniegelenke. Die Therapie folgt dabei der energetischen Gitternetzstruktur des Ätherkörpers. Dort verlaufen die Energien vertikal, horizontal und diagonal. Daher verbinde ich nun diagonal die rechte Schulter mit der linken Hüfte und umgekehrt und anschließend das linke Hüftgelenk mit dem rechten Kniegelenk und umgekehrt. Zum Schluss wird die Aura durch Ausstreichen gereinigt und harmonisiert. Die Therapie endet mit der Übertragung der liegenden Acht, die das System in seiner Ganzheit energetisch anhebt und stabilisiert.

Schwerere Erkrankungen bis hin zum Tumor behandele ich neben der Energietherapie mit Trance-Therapien wie NLP oder Rückführungstherapie. Grundsätzlich gilt, dass, je schwerer das Krankheitsbild, umso wichtiger ist der psychologische Aspekt in der Therapie. Dabei geht es nicht nur um die Bewusstmachung der Ursache, die oft in einem früheren Leben liegt, sondern hauptsächlich um die Umprogrammierung beziehungsweise Positivierung eines möglichen Traumas durch auf den Patienten zugeschnittene Suggestionen. Das Ergebnis ist dann zumeist eine sofortige Empfindungsverbesserung und zeitversetzt eine Rückbildung der Krankheit. Das kann beispielsweise im Fall eines Tumors bis zu einer Spontanremission gehen.

Aber auch reine Energietherapie kann manchmal sehr effektiv sein. Eine Patientin hatte über Monate wöchentlich im rechten Fußballen anfallartig starke Schmerzen. Es gab schulmedizinisch keine Diagnose. Sie lernte als Yoga-Lehrerin, dass, wenn sie den Kopfstand ausübte, das die Schmerzen reduzierte, aber verschwinden taten sie nie. Über eine Schülerin hörte sie von mir und kam zu mir in die Praxis. Die Erstuntersuchung ergab eine energetische Blockade des Knie- und Hüftgelenks im rechten Bein. Ich öffnete die Energiewirbel beider Gelenke, gab ihr eine Chakra- Therapie des ganzen Körpers und ab diesem Moment waren die Schmerzen schlagartig verschwunden. Sie kamen noch einmal wieder, aber nach einer zweiten Behandlung waren und blieben sie für immer verschwunden. Für die Patientin war das wie ein Wunder. Über anderthalb Jahre keine Besserung und dann eine endgültige Heilung nach zwei

Sitzungen. Das beeindruckte sie so, dass sie anschließend zu mir in die Heilerausbildung kam.

Es gibt viele Formen der Heilerausbildung und nicht alles, was man dort lernt, ist seriös und objektiv richtig. Besonders über die Drehrichtung der Haupt-Chakren wird, da die meisten sie nicht paranormal wahrnehmen, wild spekuliert. Die einen behaupten, alle Chakren drehen sich nach links, andere sagen nach rechts, und ich behaupte, sie drehen sich wechselseitig. Wer hat recht? Alle! Das muss erklärt werden. Zuerst muss man wissen, dass ein Chakra-System sowohl im Astralen, Mentalen wie Kausalen existiert und nicht nur auf der Ätherebene. Normalerweise stellt man die Drehrichtung der Chakren mittels eines Pendels oder über das Fühlen dieser Energiewirbel in den Handflächen fest. Hier spielt nun meine seelische Struktur und damit meine Resonanzfähigkeit eine sehr große Rolle. Wenn ich zu Beginn des Auspendelns mein Unterbewusstsein nicht exakt beauftrage, eine spezielle Ebene, zum Beispiel die Ätherebene, abzufragen, gilt das Gesetz der Affinität und ich rufe dann das Chakra-System der Ebene ab, zu der ich in besonderer innerer Beziehung stehe. Und die ist bei jedem Menschen anders und entsprechend gibt es unterschiedliche Pendelergebnisse.

Im Rahmen eines Seminars demonstrierte ich meinen Schülern die Problematik beim Pendeln. Ich ließ einen Teilnehmer sich auf die Liege legen und beauftragte vier andere seine sieben Haupt-Chakren auszupendeln, ohne ihnen weitere Erklärungen oder Anweisungen zu geben. Beim Wissenschaftler und Kopfmenschen gab es durchgehend eine Rechtsdrehung, bei der Schamanin und modernen Hexe eine Linksdrehung, bei der Hausfrau eine wechselseitige Drehrichtung und beim Studenten drehte sich zu seiner Verblüffung gar nichts. Jeder von ihnen hatte, da er seinem Unterbewusstsein nicht eine bestimmte Anweisung gegeben hatte (z.B. ich will wissen, wie sich die Chakren auf der Ätherebene drehen), nun das System der Ebene abgerufen, zu der er durch seine seelische Struktur eine enge Beziehung bzw. Affinität hat. Der Wissenschaftler rief deshalb die Mentalebene ab, dort dreht sich das Chakra-System durchgängig rechts. Die Schamanin, ein Gefühlsmensch, rief die Astral-Ebene ab, dort dreht sich das System durchgängig links. Die unbedarfte Hausfrau rief die Ätherebene ab, dort dreht sich das System wechselseitig und der Student rief unbewusst die Kausalebene ab. Dort leben wir noch in der Einheit, gibt es keine Dualität und deshalb auch keine duale Drehrichtung, sondern nur ein Rein/Raus.

Zu Beginn meiner Heilertätigkeit nutzte ich meine Medialiät, um dem betreffenden Patienten die Gründe für seine Erkrankung aus innerer Schau zu schildern. Ich las in seiner Seele und erfuhr bildhaft die Geschichten, die zu dem heutigen Symptom führten. Häufig gab es heftige Reaktionen, weil der Patient in Resonanz zu dem Gehörten trat und damit die Richtigkeit des von mir Geschauten bestätigte. Damit habe ich aber sehr bald aufgehört, weil ich erkannte, dass eine solche mediale Diagnose sehr fragwürdig ist, weil der Patient sie nur glauben, aber nicht überprüfen kann. Und der Glaube ist bekanntlich keine objektive Größe und sehr manipulierbar, sowohl vom Patient selbst als auch ungewollt durch den Therapeuten. Deshalb begann ich schon früh mit der Reinkarnationstherapie. In ihrem Rahmen erlebt der Patient die Antworten für sein heutiges Problem mit allen Gefühlen aus sich selbst kommend. Es gibt kaum Raum für einen berechtigten Zweifel. Und darüber hinaus schaue ich als Medium mit, erlebe die Rückerinnerung oft deutlicher als der zweifelnde Patient. Die emotionalen Erfahrungen dieser inneren Erinnerungsbilder sind häufig sehr heftig und bewegend und allein schon deshalb für die meisten glaubwürdig. Darüber hinaus sind sie in der Regel eine logische Erklärung für den Verstand, da sie einen kausalen Zusammenhang zwischen damaligem Erleben und heutiger Erkrankung aufzeigen. Manchmal kommt dann aber doch nach Beendigung der Sitzung die erstaunte Bemerkung: „Was hab ich doch für eine blühende Fantasie." Ich erkläre dann dem Staunenden, dass es meiner Erkenntnis nach Fantasie, wie der Laie sie versteht, überhaupt nicht gibt. Wir schöpfen bei diesem Prozess aus dem Unbewussten, das die ganze Zeit in uns unwissentlich schlummert und durch die Trance und mit Hilfe des Therapeuten nur ins Tagesbewusstsein hochgeholt wird. Fantasie als bezugs-, sinn- und wertlose Schöpfung gibt es nicht! Jede Schöpfung spiegelt ihren Schöpfer und ist somit eine Form der Realität. Ein Entdecker entdeckt nur, was schon immer da war. Ein Erfinder findet nur, was schon im Bewusstseinsfeld – auch morphogenetisches Feld genannt und in der Esoterik Akasha-Chronik genannt – bereits vorhanden ist.

Wann hast du das letzte Mal mit einem Baum geredet?

Nein, ich will niemand auf den Arm nehmen, sondern mit dieser etwas provokativen Frage nur darauf hinweisen, dass die ganze Natur beseelt ist. Schon seit Jahrtausenden gehen die Naturvölker in ihren unterschiedlichen Religionen davon aus. Und so spielt auch diese Tatsache in meinen Rückführungstherapien eine Rolle. Daher lasse ich meine Patienten in ihrer jeweils letzten Sitzung zuerst ihre Erinnerungen an das Pflanzen- und dann an das Tierreich erfahren. Speziell die Erfahrungen des Tierreichs sind vorprägend für das spätere Menschsein. Wer als Seele mehrheitlich durch die Raubtierklasse lief, ist in der Regel als Mensch ein anderer Charakter als derjenige, der seine Erfahrungen mehrheitlich in der Fluchttierklasse machte.

Am 1. August 1984 machte ich in München im Institut von Thorwald Detlefsen eine Reise in mein Unterbewusstsein, die das eben Gesagte unterstreicht. Ich zitiere wörtlich aus meinem damaligen Therapietagebuch: „Zu Beginn jeder Sitzung stelle ich auf der Couch fest, dass ich einen Kloß im Hals habe und dauernd schlucken muss. In der Trance gehen wir nun zu diesem Kloß und er verwandelt sich in eine Kröte. Auf Wunsch von Dr. Hößl (mein damaliger Therapeut) schaue ich sie mir genau an, schildere meine Empfindungen. Ich habe ein relativ neutrales Verhältnis zu ihr, ich will nur, dass sie mich nicht mehr behindert. Dann soll ich mich in die Kröte verwandeln, fühlen, wie sie fühlt. Und ich schmecke, wie es ist, eine Fliege zu fressen. Das Thema „Fressen" wird auf dem Hautwiderstands-Messgerät als emotional geladen erkannt und wir folgen dieser Spur. Ich sehe mich an einer überladenen Tafel sitzen, voller Fressgier und gleichzeitigem Überdruss und angeekelter Enthaltung. Ich bin innerlich zerrissen und wir gehen zu einer weiteren Situation, wo sich diese Gier manifestiert.

Ich erlebe mich als Bär, der ein Tier erbeutet hat und nun voller Gier große Stücke aus seinem Fleisch reißt. Der Geruch und der Geschmack des Blutes machen mich immer gieriger und wilder. Meine Schnauze, mein Fell sind blutverschmiert und verkrustet. Es ist ein sehr angenehmes Gefühl, zu fressen und zu schlingen.

Wir gehen zu einer anderen Situation und ich erlebe mich als großer Baum an einem Sumpf. Habe meine Wurzeln tief eingegraben und sauge die Umgebung leer, werde dabei immer mächtiger und dicker, spüre zutiefst meine Kraft. In der nächsten Episode sehe mich mich als Fels, ruhig, mächtig, schwer. Dann werde ich zu einem Gebirge und höre das Singen meiner Kraft. Die Szene wechselt und ich bin flüssiges Magma. Pflanzen und Felsen verschlingend, glühend vor Energie. Dann plötzlich tiefe Schwärze und ich sehe mich als schwarze Wolke in der absoluten Finsternis. Die Wolke bricht auf und gleißende Energie kommt zum Vorschein. Überhell und blendend. Und es entsteht eine Idee in mir: Ich bin ein Gedanke und aus mir entsteht alles!"

In der Sitzung am 3. August 1984 ging es mit dieser Thematik weiter: „... und so gehen wir zu der Tür, auf der steht „mein Kloß". Ich gehe hindurch, sehe einen bayrischen Kloß und beginne in der Therapie zu lachen. Dann verspeise ich ihn mit Appetit und Genuss. Weitere Genussbilder tauchen auf, u.a. eine nackte Frau, die ich zuerst genießerisch streichele. Plötzlich tauchen auf ihrem Bauch kleine Leckerbissen auf (ich erkenne

Gänseleber und Austern), die ich mit Genuss auf der Zunge zergehen lasse. Gleichzeitig lecke ich die Schamlippen der Frau, und auch das schmeckt ganz ausgezeichnet.

Unvermittelt sehe ich mich als großen, grauen Fels, schwer, ruhig, stark und satt. Ich verwandele mich in einen großen dicken Baum, fühle, wie der Sturm meine Krone mit den Blättern zaust und biegt. Und plötzlich bin ich ein Blatt, das vom Wind getragen davonfliegt – ein sehr angenehmes Gefühl. Ich fliege über Land, lande im Wasser, schwimme tanzend auf der Oberfläche und versinke dann langsam, löse mich auf und werde Wasser. In der nächsten Szene bin ich ein munterer Bergbach, spritzig, lustig, hüpfend, glitzernd, voller Lebensfreude und Energie. Ich fühle die Fische in mir und betrachte sie als meine Kinder, die ich schützen und behüten muss. Ich werde breiter und tiefer, werde großer Strom, auf dessen gelassenem Rücken Kähne mitgetragen werden. Ich münde ins Meer, verliere mich, löste mich auf, werde Meer. Spüre mein Wiegen und rhythmisches Leben. Bin plötzlich wieder Mensch, der an der Oberfläche sich von den Wellen gewogen dem Meer hingegeben hat. Da kommt ein Hai, ich bin ohne Angst, streichele und liebkose ihn, spüre seine ungeheure Stärke. Ich umschlinge ihn und wir beide schießen unter Wasser durch das uns umschmeichelnde Nass. Ich fühle seine Muskeln unter seiner Haut, verwandele mich in ihn, werde Fisch. In der letzten Szene sehe ich eine Insel mit einem Baum darauf. Ich bin wieder am Anfang angelangt."

Was sagen diese Erfahrungen? Erstens, dass ich ein sinnlicher Mensch bin, dem Gier nicht fremd ist. Insbesondere orale sinnliche Eindrücke liebe ich sehr. Entsprechend bin ich jetzt im Alter rund und korpulent. Zweitens, dass ich, wie viele andere Lichtarbeiter, eine alte Seele bin, die viele Leben hinter sich hat und auch in den Naturreichen zu Hause ist. Deshalb gehören Natur- und Tierfilme zu meiner Lieblingsunterhaltung. Und auch meine enge Beziehung zu Tieren ist mir ein Herzensbedürfnis. So bin ich seit frühester Jugend mit Hunden, Kühen und später noch Pferden aufgewachsen. Besonders bei jungen Seelen, die erst wenige Leben als Mensch hinter sich haben, kann man oft noch die sie prägende Tierform durch ihre menschliche Gestalt hindurch scheinen sehen. Herr und Hund sehen sich oft sehr ähnlich. Aber auch bei mir kann man mit ein wenig Fantasie die mich prägende Erfahrung als Grizzly an meinem Körperbau und meiner manchmal etwas mürrischen Art erkennen.

Wäre allen Menschen mehr und stärker bewusst, dass in jeder Blume, in jedem Baum und in jedem Tier eine heranreifende Seele wäre, würden sie vielleicht liebevoller und fürsorglicher mit der Natur und ihren Kindern umgehen. Aber wenn sie schon mit ihrer eigenen Art so rücksichtslos und egoistisch umgehen, was kann man da von ihrem Umgang mit der Umwelt und den Mitgeschöpfen erwarten? Als Therapeut erlebt man manchmal, dass ein unerlöstes Trauma, das noch aus dem Tierreich stammt, den heutigen Menschen nachhaltig belastet. Auch diese Erfahrungen können im Rahmen von Rückführungstherapien erlöst werden. Wozu all die von mir erinnerten Leben gut waren? Nun, sie haben mein Weltbild ganz entscheidend verändert und dazu geführt, dass ich alles um mich herum mit anderen Augen zu sehen begann. Die Reinkarnationstherapie damals in München und das, was sie mich lehrte, war somit der Beginn meiner entscheidenden Bewusstseinserweiterung. Zusammen mit der Erfahrung der inneren Stimme bildete sie das Fundament meiner heutigen Persönlichkeit und schufen die wesentlichen Grundlagen meiner danach beginnenden Tätigkeit als Geistheiler und Trancetherapeut.

Generell gilt, dass eine Seele bei ihrem ersten Ausflug in die physische Schöpfung nicht gleich als Mensch auftritt. Sie kann zwar von oben die unteren Ebenen einsehen, hat aber keine Erfahrung mit der Dualität und muss deshalb wie in einem Schulsystem mit dem ABC und Einmaleins anfangen. Das heißt, sie beginnt zuerst mit dem Mineralreich, so wie ich es erinnert habe. Hier lernt sie die Zeit und Rhythmen kennen, die Naturgesetze in Form von Klima und Erdveränderungen und vieles andere mehr. Alles duale Dinge, die in der Einheit, woher wir stammen, nicht existieren. Wenn alles, was das Mineralreich uns lehren kann, integriert ist, wandern wir weiter in die zweite Klasse, das Pflanzenreich. Hier erfahren wir zum ersten Mal starke Gefühle wie die Angst, kommunizieren mit anderen unserer Art und entwickeln soziale Strukturen. Und so haben Forscher herausgefunden, dass Pflanzen gleicher Gattung sich durch den Ausstoß von Pheromonen vor Fressfeinden warnen und über ein unterirdisches Geflecht wie mit einem Internet kommunizieren. Wenn wir alles, was uns das Pflanzenreich lehren kann, integriert haben, kommen wir in die nächste Klasse, das Tierreich. Hier beginnen wir mit der Entwicklung einer Persönlichkeitsstruktur, die letztlich in dem endet, was wir ein ICH nennen. Und so haben wir in der Wissenschaft entdeckt, dass höhere Tiere wie Schimpansen oder Delphine ein Ich-Bewusstsein haben. Sie erkennen, dass ihr Bild im Spiegel sie selbst sind. Ein wichtiger Entwicklungsschritt für die dann folgende Menschwerdung. Als Tier sind wir eine Zweiheit von Körper und Seele. Erst als Mensch erfahren wir die Trinität durch einen eingepflanzten Geistfunken, der uns zu Erben des Himmels macht, und verfügen von da an über Körper, Seele und Geist.

Schutzengel und Geistführer, unsere heimlichen Begleiter

Gleich zu Beginn meiner spirituellen Ausbildung begegnete ich zu meiner großen Überraschung innerlich jenseitigen Wesen, die mit mir anfänglich über laute innere Stimmen Kontakt aufnahmen. Seit 33 Jahren nutze ich nun diese Quelle und stehe mit ihr bis heute in Verbindung. Die Art der Kommunikation ist unterschiedlich. Anfangs war sie mehr stimmlich, dann mehr in Form von Visionen und Träumen. Ich begegnete verkörperten Menschen, die eine Jenseits-Botschaft für mich hatten, und es wurden mir von drüben Bücher zugespielt, die wichtig für mich und meine Ausbildung waren. Oft werde ich in der heutigen Zeit gegen fünf Uhr früh geweckt und erhalte Vorträge in Form von Gedankenübertragungen. Neulich hat man mir beispielsweise auf diese Weise erklärt, wie Rassen anderer Galaxien mit ihren Raumschiffen Entfernungen von vielen Lichtjahren überbrücken. Ich erfuhr auf diesem Weg erstmals vom Prinzip der Raumfaltung und las später darüber neueste Vermutungen der Astrophysik. Das heißt, es geht nicht immer nur um rein spirituelle oder esoterische Themen.

Im Rahmen des von mir Anfang der 80er Jahre des vergangenen Jahrhunderts mitbegründeten internationalen Heilerkreises gab es auch einen Medienkreis. Es waren mehrheitlich Schreibmedien, aber auch Mal- und Sprechmedien, die Botschaften für die Gruppenteilnehmer übermittelten. Bereits in den 70er Jahren war das Medium Jane Roberts aus den USA sehr bekannt. Sie channelte eine Persönlichkeit, die sich Seth nannte. „Seth" bezeichnet sich damals selbst als „multidimensionaler Energiepersönlichkeitskern", der die Folge menschlicher Inkarnationen durchlaufen habe und nun aus einer geistigen Welt höherer Realität zu den Menschen spricht. Zu Beginn meiner Tätigkeit für Papa war ich für eine Gruppe von interessierten Freunden und Schülern Interpret des Buches „Gespräche mit Seth". Die Texte waren so intellektuell und spirituell anspruchsvoll, dass sie von vielen nicht verstanden wurden und der Erläuterung bedurften. Die gleiche Wesenheit meldete sich in Form von leicht verständlicheren Botschaften, die uns zugespielt und damals von uns veröffentlicht wurden. Eine dieser wegweisenden Mitteilungen vom 30. Juni 1987 will ich hier wortgetreu wiedergeben:

„Der schmale, steile Weg nach oben. Mit dem steilen, schmalen Weg meinen wir den geistigen Pfad. Er ist wahrhaft keine breite Avenue mit allerlei bunten Ausschmückungen zu beiden Seiten. Nein, er ist einspurig und noch steinig dazu. Einspurig sagen wir deshalb, weil er nur in eine Richtung führt, ohne Rückverkehr. Wer diesen Pfad mit Überzeugung wandelt, der will auch gar nicht mehr zurück. Wer sein klares Ziel vor Augen sieht, der schreitet unerschrocken voran. Es gibt allerdings genau wie bei einer Bergbesteigung verschiedene Möglichkeiten, den Gipfel zu erreichen. Der eine geht zu Fuß, der andere nimmt die Bahn. Diejenigen, die die Seilbahn benutzen, um schnell auf den Gipfel zu gelangen, das sind die, die, sobald sie ihr Ziel klar erkannt haben, konsequent, kurzentschlossen die Welt hinter sich lassen und nicht mehr zurückblicken. Ihnen wachsen sozusagen Flügel. Sie erheben sich aus dem Getümmel der Welt und haben nur noch Sinn für ihren geistigen Fortschritt. Blicken sie von ihrem Höhenflug überhaupt einmal kurz zurück, so erkennen sie, dass die Probleme immer kleiner werden und allmählich ganz verschwinden. Dieser Höhenflug muss in den Gedanken im Innern stattfinden.

Man kann auch den Spazierweg wählen, der sich langsam, aber bequemer um den Berg herum schlängelt bis zum Gipfel. Da gibt es unterwegs so manchen Stein aus dem Weg zu räumen. Es gibt auch Rastplätze, wo man sich ausruht, bevor man weiterwandert, und es gibt auch die Aussichtspunkte, wo man schon gerne noch einmal zurückblickt und die Welt einem wie ein Spielkasten vorkommt, wo man einmal seine Sandkuchen gebacken hat. Der Bergsteiger nimmt den härtesten, aber kürzesten Weg. Es ist ihm von vornherein klar, dass er große Gefahren und dicke Brocken zu meistern hat. Das sind die, die sich selbst bezwingen und Meisterschaft über sich selbst erringen. Auf sie wartet die schönste Siegesfreude.

Also ein jeder wähle seinen Weg!

Hat man gewisse Höhen erreicht auf dem geistigen Pfad, so muss man aber auch schwindelfrei sein, d.h. auch, dass man sich an die dünner werdende Höhenluft langsam gewöhnen muss. Der Organismus stellt sich um. So auch im Geistigen. Unsere Lungen, also unser Denken und Handeln, sind jetzt von alten Schlacken befreit und keine Trübungen behindern unseren Blick nach oben, wo der strahlende, siegreiche Christus uns erwartet. Diese Schilderung mag etwas einfach klingen, aber es fließt noch so mancher Schweißtropfen bis zum Ziel.

Wie sieht diese Bergbesteigung im praktischen Leben aus? Das ist der Erdenkampf mit all seinem Drum und Dran. Wollen wir mit den täglichen Problemen fertigwerden, dann muss der Blick nach oben, auf Gott gerichtet sein. Wir müssen ihn in jeden Gedanken und in jede Handlung hineinnehmen. Ohne seine Hilfe reiben wir uns wund, wir landen immer wieder am Boden. Der Mensch in seinem Tatendrang vergisst meistens, wie wertvoll von Zeit zu Zeit das Nichtstun ist. Künstler nennen es die schöpferische Pause. Es sind gerade die Pausen vom Alltagstreiben, in denen die Seele ihre Chancen wahrnimmt, um in ihrer Aufwärtsentwicklung weiterzukommen.

Der Mensch, der immerzu beschäftigt ist und sich niemals Ruhe gönnt, der erreicht gerade das Gegenteil von dem, was er will, anstatt sich die Zeit, damit meinen wir das ganze Leben, so einzuteilen, dass die Seele nicht den Kürzeren zieht. Den allzu geschäftigen Menschen ist alles Unwichtige wichtig, während sie für das einzig Bleibende keine Zeit haben. Sie laufen hin und her, stürzen von einer selbst erzeugten Hektik in die andere. Aber gerade in der Stille liegt doch die Kraft!

Mit Kraft meinen wir natürlich geistige Kraft, Denkkraft, Empfindungskraft, Lichtkraft. In Wirklichkeit ist der Mensch ein einzigartiges Energiefeld. Die energiegeladenen Zentren des Menschen sind Kraftfelder oder Chakren. Diese Chakren werden pausenlos gespeist von göttlicher Energie. Aber göttliche Energie ist wiederum nichts anderes als Liebe. Wer wahrhaft liebt, zieht automatisch kosmische Kräfte an sich heran. Wir atmen sie, wir nehmen sie mit jeder Pore auf. Es ist unablässig, dass wir uns auf unserer Wanderung in die Erleuchtung stets und ständig Impulse geben lassen. Das erfordert aber auch eine hohe Konzentration. Wir müssen uns auf das Wichtigste konzentrieren und alles Störende ablegen bzw. von uns fernhalten. Das heißt nicht, dass wir uns in die totale Einsamkeit zurückziehen müssen, das können wir auch gar nicht, denn dann würden wir ja unser Übungsfeld verlassen. Und trotzdem müssen wir gar kritisch sortieren. Wo hat meine Anwesenheit noch einen Sinn, was ist so unwichtig, dass ich es für immer abhaken kann. Es ist wirklich nicht schwer, hier zu unterscheiden.

Es bleibt dabei nicht aus, dass wir alte Freundschaften allmählich einschlafen lassen, weil sie sowieso nur oberflächlich waren. Auf dem geistigen Weg treffen wir neue Freunde und diese Freunde sind dann echte Gesinnungsgenossen. Auf sie können wir uns verlassen, auch und vor allem dann, wenn wir einen kleinen Rückfall oder eine schwache Phase haben. Sie sind es, die uns dann aufbauen, uns die Hand reichen und sagen: Komm, mein Freund, steh auf, wir gehen zusammen weiter. Genauso ist es mit den geistigen Helfern. Sie bemühen sich liebevoll um unser Weiterkommen. Oft ist es nur ein aufmunternder Gedanke, eine Intuition oder sie weisen uns auf eine Zeile hin, die uns bereits beim Lesen innerlich erhebt.

Lieber Leser, verlasse Dich darauf, Du bist niemals allein. Selbst wenn du es wolltest, Du könntest es nicht, denn Du bist untrennbar ein Teil von Gottes herrlichem Universum, und damit hast Du das Recht auf Beistand und Unterstützung. Es ist sehr tröstlich, das zu wissen. Viele Menschen verschließen und verkapseln sich und weisen jede Hilfe von sich. Sie wollen auch die Stimme ihres Gewissens nicht hören. Diese Menschen suchen Zerstreuung, sie wollen sich betäuben. Für Zerstreuung sorgt dann die Welt. Sie hat ein reiches Angebot zur Verfügung. Aber wenn wir uns zerstreuen, dann zersplittern wir uns. Zersplitterung aber bedeutet auch Aufteilen. Der geistig erwachte Mensch will sich nicht zerteilen, er will sich sammeln, er will ja zur Ganzheit finden. Ein besonnener, gesammelter Mensch hat ein hohes Kraftpotential, denn er hat ja alle seine Kräfte versammelt.

Kraft bedeutet Licht. Und wenn wir ein Licht nach dem anderen in uns aufgehen lassen, dann kommen wir der Erleuchtung immer näher. In einem erleuchteten Raum findet man sich gut zurecht, weil man die Dinge klar sieht. In einem erleuchteten Bewusstsein ist der Blick klar für die Wahrheit und Echtheit des Lebens. Wir wollen nicht sagen, dass der bewusste Mensch nicht auch einmal ein lockeres Programm haben darf, aber ein kritisches Sortieren ist schon anzuraten. Für fragwürdige Vergnügungen sind wir uns dann zu schade, das ergibt sich von selbst, darauf verzichten wir dann gerne. Ja, man fühlt sich geradezu erlöst, dass man sich endlich aus dem Schlamm befreit hat. Es ist ein Aufatmen, eine echte Befreiung. Reine Freude des Herzens hat nichts zu tun mit den zweifelhaften Freuden der Vergnügungswelt."

Die in der Botschaft genannten geistigen Helfer nennen wir in der Esoterik auch Seelenbegleiter oder Geistführer. Sie dienen also unserer Entwicklung. Eine ganz andere Funktion haben die uns begleitenden Schutzengel. Wie ihr Name schon sagt, schützen sie uns vor Einflüssen, die uns karmisch nicht zustehen, und fangen diese meistens schon lange bevor sie uns erreichen ab. Sie bringen uns auf diese Erde als Engel der Geburt, bleiben ein Leben lang als Schutzengel bei uns und bringen uns als Engel des Todes zurück ins Licht bzw. auf die Existenzebene, die uns entsprechend unserem Entwicklungsstand zugeordnet ist.

Seth stellte sich unter seinem Geistnamen „Sabatha" später als ein Teil meiner Gesamtwesenheit heraus und diktierte meiner damaligen Frau Ursula im Winter 1995 auf meinen Wunsch hin das Vorwort zu meinem inzwischen vergriffenen und nur noch gebraucht erhältlichen Sachbuch „Die Flamme der Erkenntnis":

„Liebe Leser, ich bin Sabatha, ein Wesen des Lichtreiches, lange Jahre Begleiter dieses Autors „Axel", der dieses Buch in unserem Auftrag geschrieben hat. Unsere Beziehung ist sehr liebevoll, aber auch humorvoll und partnerschaftlich. Vieles, was er als eigene Erfahrung niedergeschrieben hat, habe ich miterlebt und mit ihm erarbeitet. Es war nicht immer leicht für ihn, den Weg der Veränderung zu gehen. Viele seiner liebgewordenen Gewohnheiten musste er ablegen, denn je mehr er von den kosmischen Gesetzen erkannte, umso mehr stieg der Druck der Veränderung in ihm selbst. Wenn auch manchmal zähneknirschend, so hat er sich doch bemüht, seinen geistigen Weg immer weiterzugehen. Heute ist der Tag, an dem ich ihm sagen kann, dass er zwar noch nicht am Ende dieses Weges ist, doch inzwischen einen großen Teil zurückgelegt hat, was auch für mich beglückend ist.

Doch nun zu diesem Buch: Ihr, die ihr nach Wahrheit und nach Erkenntnis sucht, die euch Führung, Sicherheit vermittelt in dieser unsicheren Zeit voller Selbstzweifel, voller Naturkatastrophen, Kriegsgeschehen grausamster Art, aber auch kultureller Umbrüche, werdet ruhig, geht in euch, lasst euch berühren von der Lektüre dieses Buches. Es wurde im Auftrag des Lichtreiches geschrieben, nicht aus der vordergründigen Liebe, wie diese Welt sie versteht, sondern aus der göttlichen Liebe, die bestrebt ist, den Menschen dieser Zeit Hilfestellung zu geben, auf dass sie zurückfinden in die Einheit mit sich selbst sowie zurück ins Licht. Es ist uns wichtig, auf eure teils bewussten, teils unbewussten Fragen Antworten zu geben.

Wenn ihr euch mit der ganzen Aufmerksamkeit eures Herzens mit diesem Buch auseinandersetzen könnt, werdet ihr Kapitel für Kapitel vieles von den kosmischen Gesetzen besser verstehen. Das ist wichtig, denn nur wenn ich diese verstehe, kann ich sie schrittweise erfüllen. Ihr werdet erkennen, welche große Liebe dieser Evolutionszyklus, in dem ihr steht, beinhaltet, und dass alles, was euch in eurem Leben begegnet, von dieser Liebe getragen ist. Doch diese Liebe beinhaltet auch Konsequenz. Diese wird oft fälschlicherweise von euch mit Strafe verwechselt. Dies ist nicht so. Durch Konsequenz werdet ihr gehalten, euer Verhalten sowie eure Ansichten zu überprüfen, und somit lernt ihr, alte Strukturen, derer ihr nicht mehr bedürft, abzulegen, sie loszulassen und neue Wege zu gehen, zurück ins Licht. Also ist es Liebe, was euch begegnet. In diesem Buch werdet ihr vieles zu diesem Thema finden. Darum lest es mit eurem Herzen, auf dass ihr der Wahrheit und der Liebe begegnet, die euch weiterhelfen ins Licht. Amen."

Das Gesagte könnte genauso gut als Vorwort zu diesem Buch dienen. Es hat sich nichts an meinem Auftrag geändert!

Dualseelen oder wie aus eins zwei wurden

Das Thema der Dualseelen hat in den letzten Jahrzehnten viele Menschen bewegt und insbesondere in der Esoterik zu kontroversen Diskussionen geführt. Deshalb will ich noch einmal Seth auch zu diesem Thema zu Wort kommen lassen. Das Diktat vom 17. Juli 1987 lautete wie folgt:

„In der Urschöpfung ist die Seele als Dual, d.h. als männlicher und als weiblicher Aspekt erschaffen. Die ganze Schöpfung besteht aus Dualität und aus Polarität. So auch die Seele. Die Dualseelen lebten Jahrtausende im glückseligen Miteinander als reine Geistwesen. Aus dieser ungetrübten himmlischen Liebe wurden auch geistige Kinderseelen geboren. Man war eine himmlische Familie. Als die Seelen sich mit der Zeit materialisierten, begann auch gleichzeitig die Trennung. Jede Seele ging getrennt auf die Erdenwanderschaft. Es war notwendig geworden, dass jeder seine eigenen Erfahrungen machte. Die Seele als Dual besteht zwar aus diesen zwei genannten Aspekten, aber jede Seele kann sowohl weibliche als auch männliche Körper annehmen. Das muss so sein, damit die Seele in jedem Geschlecht Erfahrungen sammeln kann. Wenn beide Teile der Dualseele auf vielen verschiedenen Erdenphasen eine gewisse geistige Reife erlangt haben, dann bekommen sie die Chance der endgültigen Einswerdung in Christus. Die Freude dieses Wiedersehens übersteigt jede menschliche Vorstellung. Das Wiederfinden der Duale während einer Verkörperung ist erst in den kleinsten Anfängen. Man muss dazu sagen, dass Dualseelen oft zusammen inkarniert sind, sehr oft aber nicht immer als Ehepartner sich finden. Da sie sich noch nicht als Mensch als solche erkennen, leben sie in der Verblendung miteinander.

Doch da die Seele alles Wissen in sich trägt, sind diese Zusammenleben immer von besonderer Intensität.

Also die Dualseele weiß um die Innigkeit, aber die Menschen als Körper mit Verstand wissen es nicht. Diese Phase des Zusammenlebens bringt aber in jedem Fall geistiges Wachstum in besonderem Maße. In den körperlosen Ruhephasen kann die Dualseele eine glückselige Zeit vereint sein, aber solange sie sich nicht endgültig als Einheit wiedererkannt hat, wird jeder Teil sich immer inkarnieren wollen bis zur geistigen Reife des Erkennens. Das Wassermann-Zeitalter ist auch das wachstumsfreudige Zeitalter der Dualseelen. Es geschieht jetzt immer häufiger, dass Dualseelen einander begegnen und sich in überströmendem Glück als untrennbar zusammengehörend erkennen. Wenn dies geschieht, dann steht für zwei Menschen die Welt still. Sie vergessen alles um sich herum, es gibt nur noch zwei Menschen – eine Seele. Es wäre der vollkommene Himmel, wären da nicht noch so viele Hindernisse. Meistens sind diese Menschen zu dieser Zeit noch an einen anderen Partner gebunden, weil dort noch ein Karma einzulösen ist. Oft sind die Dualseelen durch Kontinente und politische Grenzen getrennt. Alle möglichen Hindernisse müssen mühsam und schmerzlich aus dem Weg geräumt werden. Das geht nicht von heute auf morgen. Sosehr die Trennung nach dem Erkennen in der Seele auch schmerzt, so sehr ist es in dieser letzten Phase eine Wachstumsherausforderung.

Jetzt packt man zielstrebig sein Karma an, denn jetzt hat man sein Ziel glasklar vor Augen, damit es so schnell wie möglich gelöst ist, koste es, was es wolle. Man ist zu höchsten Opfern bereit. Wer diese Liebe erleben und fühlen darf, der ahnt am ehesten, was Gottesliebe ist. Die Liebe zur Dualseele ist die selbstloseste Liebe, die es gibt. Sie ist verzehren und zugleich belebend. Man kann es nur bruchstückhaft ausdrücken, was in dem Menschen vor sich geht, der sein geistiges Gegenstück, seine andere Hälfte, ohne die er immer auf der Suche war, wiederfindet und aus der Seele heraus erkennt. Wenn der Schleier der Verblendung fällt, dann steht der kosmische Christus vor uns als unser wahres Spiegelbild. Wir erkennen uns in ihm und er erkennt sich in uns. Dann wird solch eine Energie der Liebe freigesetzt, dass wir zum leuchtenden Christusstern werden, zu einem funkelnden Diamanten. Dann sind wir, die Krone der Schöpfung, wiedervereint mit Gott.

Alles, was Dichter und Poeten je niedergeschrieben haben, spricht aus dieser unbändigen Sehnsucht der Menschheit, sich selbst in Gott wiederzufinden!"

Hilfen auf dem Weg

Nach allem, was ich geschrieben habe, welche konkreten Hilfen können Sie, lieber Leser, von mir erwarten? Da sind zuerst einmal meine Sachbücher. In ihnen findet sich viel Information über den spirituellen Weg und das Geistige Heilen im Besonderen. Ich habe sie auf Anregung meiner jenseitigen Partner geschrieben und sie waren in Folge die Brücke, über die mich viele Sucher auf dem Weg gefunden haben. Dann erhielt ich den Impuls, auch spirituelle Romane zu schreiben, dass es viele Menschen gäbe, die sich eher auf diese Art ansprechen lassen würden. Und tatsächlich kamen fast die Hälfte meiner Schüler auf diesem Weg zu mir. In Wahrheit sind diese Romane Sachbücher der anderen Art. Nichts darin ist Fantasie. Alles habe ich in diesem oder früheren Leben erlebt. Aber ich wollte die Glaubensfähigkeit meiner Leser nicht überfordern und so habe ich sie als Romane bezeichnet.

In den meisten meiner Bücher findet sich am Schluss die Einladung zur Ausbildung und Initiation als Geistiger Heiler. Diese Hilfe stellt das größte Geschenk dar, das ich im Auftrag von Papa seinen daran interessierten Kindern machen darf. Die Öffnung des Herzzentrums stellt den unmittelbaren Kontakt zum eigenen göttlichen Höheren Selbst her und ist somit ein Quantensprung in der Bewusstwerdung und auf dem Weg zurück ins Licht. Auf der spirituellen Ebene gibt es keine Dualität und aus diesem Grund ist das entsprechende Seminar kostenlos. Geld, als Gegenpol zu einer Leistung, hat im Einheitsbewusstsein der Kausalebene keine Existenzberechtigung. Denn das, was ihr erhaltet, ist euer Erbrecht und ich bin nur der Notar, der es überträgt. Mehr Infos dazu findet ihr auf meiner Website.

Für viele war und ist mein Sachbuch „Die Flamme der Erkenntnis" die wichtigste Quelle der Inspiration. Leider ist es zwischenzeitlich vergriffen. Man erhält es zwar noch gebraucht im Internet, aber meistens unverschämt teuer. Eine Schülerin von mir hat sich die Mühe gemacht, das ganze Buch zu photographieren. Gegen Zusendung einer Schutzgebühr von 10,– € schicken wir Euch eine PDF-Datei als E-Mail-Anhang oder auf Wunsch als CD per Post. Bitte vergesst bei der Bestellung nicht Eure Adresse anzugeben.

Im Rahmen meiner Nachfolgeregelung haben neben Maria zwölf weitere Schüler von mir die Initiatoren-Einweihung erhalten, die in Form einer Schwert-Initiation erfolgte. Das Initiations-Seminar ist die Basis und die Grundlage der Ausbildung zum Geistigen Heiler. Der in seinem Rahmen gesetzte Öffnungsimpuls gleicht einer Priesterweihe. Die Befähigung, diesen Impuls Dritten setzen zu können, erfordert den höheren Einweihungsgrad eines Initiators, vergleichbar einer Bischofsweihe. Diese zwölf anderen Initiatoren sind über Deutschland und die Schweiz verteilt. Wer, aus welchen Gründen auch immer, nicht den Weg in unsere Praxis im Saarland finden kann, hat die Möglichkeit, von uns die Adresse eines Initiators in größerer Nähe zu seinem Wohnort zu erfragen.

Allen Suchenden auf dem Weg – auch wenn sie von meiner Ausbildungseinladung keinen Gebrauch machen wollen – bin ich bereit, mit einer täglichen Ferntherapie von 21.30 bis 22.00 Uhr seelisch und körperlich zu helfen. Auch sie ist kostenlos. Setzen oder legen Sie sich um diese Uhrzeit hin, rufen Sie mich innerlich und bitten um meine Energie und werden dann in der Regel entsprechende Erfahrungen machen. Dieses Angebot gilt übrigens über meinen Tod hinaus. Dann kann die Erfahrung der im Spiel wirksamen Energien sogar noch deutlicher und stärker sein, da sie durch keinen filternden und bremsenden physischen Körper mehr in ihrem Fluss behindert werden. Im Vertiefungskurs der Ausbildung machen die Teilnehmer diese Erfahrung. Im Rahmen einer wechselseitigen Therapie spüren sie nicht nur, wie ihr Geistführer ihnen das Licht aller drei Ebenen schickt, sondern fühlen auch, wie sehr ihr jenseitiger Partner die von ihnen empfangene Energie genießt. Damit trainieren wir die Kommunikation zwischen den Welten, den normalen Energieaustausch zwischen den Etagen des Schöpfungsgebäudes.

Natürlich können Sie auch kostenpflichtige Behandlungen in unserer Praxis buchen. Meine Frau Maria und ich stehen Ihnen für Energie- und Rückführungstherapie zur Verfügung. Eine Spezialität von Maria ist die Klangschalen-Therapie und die Metamorphose-Therapie. Unser Lebensprogramm wird schon in der „pränatalen", also vorgeburtlichen Phase geschrieben. In dieser Phase ist das Embryo mit der Mutter so verbunden, als wären beide eins. Die Emotionen und belastenden Situationen der Mutter werden unbewusst übernommen. Erfahrungen dieser Zeit prägen sich in der Knochenkammlinie ein und der Körper setzt Säurekristalle entlang dieser Linie ab. Die Metamorphose ist eine sanfte Massagetechnik an Fuß, Hand und Kopf und bietet eine Möglichkeit, diese Säurekristalle und die ihnen innewohnenden Informationen herauszulösen und zu transformieren. Diese Technik zu erlernen erfordert keine Vorkenntnisse! Maria bietet jährlich dazu mehrere eintägige Ausbildungs-Workshops an. Die Termine können sie über ihre E-Mail- Adresse am Ende dieses Kapitels erfragen.

Viele Menschen leiden unter Angriffen von der astralen Ebene oder physisch von verkörperten Menschen oder Tieren. Die schwarze Seite schläft nicht, ist immer daran interessiert, andere Menschen vom Weg abzubringen, zu manipulieren, zu schädigen oder sogar zu besetzen. Dagegen gibt es hochmagische Schutztechniken, die ich oder Maria ebenfalls auf Anfrage kostenlos zur Verfügung stellen. Die Wirkung ist von vielen Hunderten meiner Schüler und Patienten schon oft erprobt und erfolgreich eingesetzt worden und verblüfft die betreffenden Nutzer immer wieder sehr. Binnen Sekunden wird die Angriffsenergie neutralisiert bzw. auf den Angreifer zurückgeworfen, die Wirkung beim unschuldigen Opfer lässt schlagartig nach. Das dabei waltende Gesetz besagt, dass jede Schöpfung – und damit auch schwarz-magische Rituale, aber auch bereits böse Gedanken und Gefühle, die auf uns projiziert werden – mit ihrem Urheber verbunden bleibt und deshalb sofort zu ihm zurückgeschickt werden darf.

Hilfen auf dem Weg können aber auch Techniken wie das Legen von Tarot-Karten oder das Befragen des Runen-Orakels sein, das ich häufig zum Abschluss meiner Therapien nutze. Im Handel finden Sie entsprechende Angebote in Buchform und die dazugehörigen Runen. Ich empfehle das Werk des Runen-Forschers Ralph Blum. Vor einigen Jahren habe ich mir ein astrologisch-psychologisches Gutachten von Liz Green machen lassen, das mich mit seinem Tiefgang und seinen zutreffenden Interpretationen sehr beeindruckt hat. Infos dazu finden Sie unter www.astro.com.

Hier noch unsere Website und unsere E-Mail-Adressen:
axel-philippi.de,
axel.w.philippi@t-online.de und
maria-irmine-philippi@t-online.de

Rückbesinnung tut not, denn am Ende stehen wir wieder am Anfang

Bevor wir uns weiter auf den Weg machen, sollten wir uns bewusst werden, wer wir sind, warum wir Mutter Erde als unseren Heimatplaneten ausgewählt haben und wohin die Reise weiter geht. Eines unserer Sprechmedien bekam dazu die folgende Antwort von ihrem Geistführer, die ich wieder wortgetreu zitiere:

Botschaft vom 14. Juni 1988

„Guten Abend meine Liebe,

wir wollen heute etwas mitteilen, was Euch alle sehr betroffen machen wird. Es ist uns ein Bedürfnis, Eure Einstellung zum Leben und somit zum Tode etwas in die rechte Bahn zu lenken. Was bedeutet Euch das Leben? Worin seht Ihr seinen Sinn? Darüber habt Ihr Euch bereits alle mehr oder weniger Gedanken gemacht. Die Mehrheit der Menschen scheut jedoch heute eine geistige Auseinandersetzung mit diesem Thema. Dies hat insbesondere seinen Grund darin, dass sich der Mensch heute seiner kosmischen Bedeutung nicht mehr bewusst ist. Wonach richtet er in aller Regel sein Leben aus? Er begnügt sich damit, ja er glaubt seine Erfüllung darin zu finden, in dieser kurzen Phase, die das Leben ihm bedeutet, alle materiellen Güter und Erfolge zu erlangen. Er strebt Zeit seines Lebens danach, sich dieses Erdenleben mit Hilfe der materiellen Werte so bequem und angenehm wie irgend möglich zu gestalten. Doch wird er dadurch zufriedener, ausgeglichener und glücklicher?

Ihr seht selbst, dass dies beileibe nicht der Fall ist. Je mehr der Mensch nach materiellen Gütern strebt, desto unzufriedener und unglücklicher wird er in Wahrheit. Im Grunde seines Herzens, aus einem inneren Wissen heraus, erfährt der Mensch, dass ihm all dies nicht die Erfüllung bescheren kann und wird, die er in Wahrheit sucht. Der Mensch lässt sich heute von allen erdenklichen negativen Einflüssen leiten und lenken und gerät dadurch immer weiter von dem Weg ab, der ihm auf seinem Pfad zu Gott vorgegeben ist. Er weigert sich geradezu, sich mit sich selbst auseinanderzusetzen, in sich zu gehen und so die Erkenntnis über seine wahre Bedeutung und den Sinn seines Lebens zu gewinnen. Denn dies ist ja für den inkarnierten Menschen fürwahr kein leichter Weg.

Doch ist es uns auch nicht beschieden, nur im Angenehmem, in Luxus und was immer sonst noch, dieses Leben zu erfahren, ja zu leben. Leben bedeutet nicht das Alleinige in unserer Existenz. Dieses kurze Leben auf diesem Planeten ist vielmehr nur eine der unzähligen Stufen, die wir in unserem Evolutionszyklus zu besteigen und zu bewältigen haben. Dieses Leben soll uns lehren zu lieben, zu geben und zu dienen. Darin soll der Mensch den Sinn des Lebens erkennen. Das Leben eines jeden einzelnen Menschen ruft eine Wirkung im gesamten Kosmos hervor. Wäre sich ein jeder von Euch dessen bewusst, könntet Ihr sehen und erfahren, was Euer Leben in diesem Planetensystem und darüber hinaus bewirkt, so hättet Ihr Euch in der Vergangenheit und würdet Euch insbesondere heute anders verhalten.

Doch so ist die Menschheit heute ganz auf sich, auf das persönliche Wohlergehen fixiert. Die wenigsten werden ihrer Aufgabe und ihrer Bestimmung gerecht. Doch wird ein jeder nach dem Übergang von diesem Leben in eine andere Daseinsform erkennen, wo er gefehlt hat und und wie wenig er die Chance zur Weiterentwicklung für sich und für vieles, was über sein eigenes Dasein hinausgeht, genutzt hat. Spätestens nach seinem irdischen Tod muss der Mensch erkennen, wie sehr er gefehlt hat. Er wird begreifen, was er für den gesamten Kosmos hätte tun können und was er hingegen zu tun bereit war. Der physische Tod befreit Euch nämlich von den Beschränkungen, die Euch als Mensch auferlegt sind. Die Menschen heute fürchten den Tod, weil sie ihn als etwas Endgültiges betrachten. Dabei bedeutet er in Wahrheit nur einen Wechsel vom irdischen Leben in eine Daseinsform auf anderer Ebene. Er ist, wenn Ihr so wollt, eine Geburt in eine andere Existenzebene.

Der Mensch sieht den Tod als etwas Negatives an. Wie sehr fehlt er dadurch. Eigentlich sollte der spirituelle Mensch entsprechend seiner geistigen Entwicklung den Tod als etwas Willkommenes begrüßen, wenn die Zeit dafür gekommen ist. Doch kann er dies nur, wenn er den Sinn des Todes zu erkennen vermag. Ihr trauert um Eure Toten. Doch was betrauert Ihr in Wahrheit? Den eigenen Verlust, den Schmerz, den Ihr erleidet. Im Angesicht des Todes eines Euch nahestehenden Menschen werdet Ihr mit dem eigenen Tod konfrontiert. Dies ist es in Mehrheit, was Euch oft so verzweifeln lässt. Seht den Tod doch endlich als einen Übergang in eine andere Welt, in der Ihr in Wahrheit sozusagen zu Hause seid. Ihr kehrt heim. Ihr seid Eurem Schöpfer dann wieder ein Stück näher und erkennt, was Euch noch zu tun bleibt. Ihr habt die Gelegenheit, Euch weiter zu Gott hin zu entwickeln, und erfahrt in verstärktem Maße seine übergroße Liebe. Was Euch im Gedanken an den Tod ängstigt, ist Euer eigenes Unvermögen, ihn als etwas Positives zu erkennen und anzunehmen. Der Tod ist kein Grund zur Trauer oder zum Verzweifeln. Ihr habt viele Leben und vielmals den Tod erfahren und ein jedes hat Euch in Eurer geistigen Entwicklung gefördert. So soll und wird es immer sein. Mit Erweiterung Eures geistigen Bewusstseins werdet Ihr immer mehr in die Lage versetzt, Leben und Tod in wahrer Bedeutung zu erkennen und anzunehmen. Leben und Tod bedeutet Sein.

Ihr werdet dem Leben den rechten Sinn beimessen können und auch den Tod als notwendig und durchaus positiv erwarten können. Im Vertrauen auf Gott und in seine Liebe werdet Ihr keine Angst mehr vor dem Tode haben. Weder vor dem eigenen noch vor dem Tode eines Nahestehenden. Ihr werdet den Tod geliebter Menschen annehmen können und vielen Menschen auf ihrem Weg von diesem physischen Leben zum Tode Beistand leisten können. Ihr könnt Leben und Tod nur in ihrer gemeinsamen Bedeutung sehen. Wo Leben ist, da ist der Tod, und wo der Tod ist, da ist Leben. So ist es. Wenn Ihr das Leben bejaht, müsst Ihr den Tod bejahen. Es gibt nur Leben und Tod in Einheit.

Wir wünschen Euch, dass Ihr dies zu erkennen und anzunehmen bereit seid. Es wird Euch von vielen quälenden Gedanken und Ängsten befreien. Seht die Liebe unseres Gottes und wisset, dass alles, was aus ihm kommt, Liebe ist.

Wir grüßen Euch. Alle Liebe in Gott."

In meinem Buch „Die Flamme der Erkenntnis" habe ich geschildert, wie ich, auf Geheiß meiner jenseitigen Freunde, meine Mutter, als ihre Zeit gekommen war, hinübergeleiten durfte. Diese Erfahrung war pure Freude und da war kein Raum für Trauer oder Schmerz. Deshalb predige ich meinen Schülern, dass eine wichtige Aufgabe des Heilers auch die Sterbebegleitung ist. Die Hilfe beim Übergang. Nicht der Körper steht im Fokus unserer Tätigkeit, sondern die Seele, die allein heil werden kann und muss, der Körper, als Diener der Seele, gesundet nur, wird wieder funktionstüchtig.

Am Ende dieses Buches möchte ich mich bedanken. Zuerst bei Papa, der mich in den letzten drei Jahrzehnten so toll gefördert und unterstützt hat. Der so unendlich viel Geduld hatte mit einem nicht immer leicht zu führenden Sohn. Bedanken möchte ich mich auch bei Ursula, Sylvia und Maria, meinen liebe- und verständnisvollen Ehefrauen in dieser Zeit, ohne die ich meinen Auftrag und meinen Dienst nicht so erfolgreich hätte durchführen können. Bedanken will ich mich aber auch bei den über 2300 Suchenden, die in den letzten 33 Jahren mir und meiner Botschaft ihr Vertrauen schenkten und mir erlaubten, ihre Herzenstür zu öffnen. Ich hoffe, dass sie das Licht ihres Herzens zum Wohle aller, die es brauchen, freudig einsetzen werden, Kranke heilen, Sterbende stärken und Hinterbliebene trösten können. Und allen, die offen dafür sind, den Weg ins Licht und zu Gott zeigen können.